汤望先◎编著

无本创业

WU BEN CHUANG YE

《《 没有钱，也可以创业吗？ 》》

MEIYOUQIAN,YEKEYICHUANGYEMA

中國華僑出版社

图书在版编目（CIP）数据

无本创业 /汤望先编著. -北京：中国华侨出版社，2010.7

ISBN 978-7-5113-0320-2

Ⅰ. ①无… Ⅱ. ①汤… Ⅲ. ①企业管理 Ⅳ. ①F270

中国版本图书馆CIP数据核字（2010）第116881号

●无本创业

编　　者/汤望先

责任编辑/文　心

责任校对/胡首一

封面设计/青鸟意讯艺术设计

版式设计/青鸟意讯艺术设计

经　　销/新华书店

开　　本/710×1000毫米　1/16开　印张/16　字数/200千字

印　　刷/北京市通县华龙印刷厂

版　　次/2010年9月第1版　2010年9月第1次印刷

书　　号/ISBN 978-7-5113-0320-2

定　　价/28.00元

中国华侨出版社　北京市安定路20号院3号楼305室　邮编：100029

法律顾问：陈鹰律师事务所

编辑部：（010）64443056　64443979

发行部：（010）64443051　传真：（010）64439708

网址：www.oveaschin.com

E-mail：oveaschin@sina.com

现在是我国全民创业的时代。有调查显示，中国每100名18～64岁的成年人中，就有11.6人在参与创业活动。据此推算，中国13亿人口中，每年有5000万人以上投入创业生涯（如果算上股，人数则更多）。这是一个多么惊人的数字！

有的人已义无反顾地投入到创业中去；而有的人仍然顾虑重重，他们苦于没有资金，不了解市场，又没有一技之长，感觉无从下手。

目前，社会上很多人开设了培训班，还有的人做创业网站，这些信号都说明了人们关注创业，需要创业指导。

我们都知道创业意味着风险，而且失败率很高，据报道，我国企业一年存活率不足30%，企业平均寿命不足3年。那么，如何不做失败者？尤其是对白手起家或资金不多的创业者来说，怎样才能实现创业成功？本书将会帮助你！

在本书中，我们将通过众多创业成功者的经验和经历，以及其他相关创业案例，通俗易懂地告诉大家——创业是可以学习的。中国有句俗话："读万卷书不如走万里路，走万里路不如会人无数，会人无数不如名师指路。"一本好书能让我们更会走路，少走弯路，少摔跟头，节省时间，本书的目的就是让大家更快地学习如何创业，缩短创业时间，尽快获得财富，早日成功。

记得有一个故事是这样讲的：美国有一个牧师，他在给许多人临终做祷告时，倾听这些人的临终遗言。后来他说：如果让这些人回到20岁重新奋斗，现在他们大都会成为伟人。这些人为什么没有成为伟人？因为他们不可能回头再来，世上没有回头路，人只有走过了才知道错在哪里。想回头重新走？不可能！人生中如果能有人指导我们如何走路，少走弯路，少走坎坷的路，不走错路，那我们将会走得更快，而且更易成功。其实创业也是如此，如果有人给我们指路，教我们实用的创业知识和方法，我们也会更容易成功。

本书就是这样一本具有实际指导意义的创业手册，我们将通过一些通俗易懂的创业道理和可借鉴的创业案例，让读者更清晰地看到创业活动中真正本质的东西，将一些切实可用的方法和技巧教给想要创业但缺乏创业资金和经验的人们。大家可以在阅读过程中比照自己的条件，理智、清醒地选择自己的创业之路。全书将对适合创业的人群（即自身能力、优势）、市场消费趋势把握、资源整合、项目选择、创业陷阱和成本、库存控制等一系列问题进行阐述，帮助创业者更明智地做出选择。希望本书，能够在创业道路上助读者朋友一臂之力，从而让你改变自己的命运和生活状况，拥有一个更加富有、美好的人生！

目 录

无本创业

第一章 套狼，你敢吗？

全民创业时代已经到来。面对如此高涨的创业大潮，许多人都跃跃欲试，你是否也在其中？想要套住眼前这只凶猛的“狼”，你准备好了吗？

1.你是否适合创业?

企业家的气质也许就隐藏在你的内心深处。针对企业家的家庭背景、童年经历、主要价值观、个性等方面共同特征的研究越来越多。下面的测试题可以测验一下你的创业智商，看看你是否具有企业家所应具备的气质。这些问题并不是判断你未来成功与否的标准，不过它们也许可以告诉你应该从何处入手以及你需要进一步提高的方面。回答“是”或“否”。

测试题：

1. 你父母有过创业的经历吗?

   选是：加1分 否：减1分

2. 在学校时你成绩好吗?

   选是：减4分 否：加4分

3. 在学校时，你是否喜欢参加群体活动，如俱乐部的活动或集体

运动项目？

选是：减1分 否：加1分

4. 少年时代，你是否更愿意一个人待着？

选是：加1分 否：减1分

5. 你是否参加过学校工作人员的竞选或是自己做生意，如卖柠檬水，办家庭报纸或者出售贺卡？

选是：加2分 否：减2分

6. 你小时候是否很倔强？

选是：加1分 否：减1分

7. 少年时代，你是否很谨慎？

选是：减4分 否：加4分

8. 你小时候是否很勇敢而且富于冒险精神？

选是：加4分 否：得0分

9. 你很在乎别人的意见吗？

选是：减1分 否：加1分

10. 你是否将改变固定的日常生活模式作为创业的一个动机？

选是：加2分 否：减2分

11. 也许你很喜欢工作，但是你是否愿意晚上也工作？

选是：加2分 否：减6分

12. 你是否愿意因工作要求而延长工作时间，可以为完成一项工作而只睡一会儿，甚至根本不睡？

选是：加4分 否：0分

13. 在你成功完成一项工作之后，你是否会马上开始另一项工作？

选是：加2分 否：减2分

14. 你是否愿意用你的积蓄开创自己的生意？

选是：加2分 否：减2分

15. 你是否愿意向别人借东西？

选是：加2分 否：减2分

16. 如果你的生意失败了，你是否会立即开始另一个？

选是：加4分 否：减4分

17. （接上题）或者你是否会立即开始找一个有固定工资的工作？

选是：减1分 否：得0分

18. 你是否认为做一个企业家风险很大？

选是：减2分 否：加2分

19. 你是否写下了自己长期和短期的目标？

选是：加1分 否：减1分

20. 你是否认为自己能够以非常职业的态度对待经手的现金？

选是：加2分 否：减2分

21. 你是否很容易厌烦？

选是：加2分 否：减2分

22. 你是否很乐观？

选是：加2分 否：减2分

说明：

35分到44分——创业绝对合适。

得35分以上的人士不自己创业，简直是资源浪费！

15分到34分——创业非常合适。

如果你得分在15分以上（包括15分），那你应该是个“老板坯子”。

0分到14分——很有可能。

你的人生其实可以有许多种选择，包括选择自己创业还是做个高级白领。你的智商和情商发展均衡，这意味着你在很多选择中可进可退、可攻可守。

2.要被动生存还是大胆一搏？

看完第一小节的测试，也许你心里会觉得这个测试只是一个游戏，对于你的创业智商的判断有失公允。但是，我想无论是谁，都应该对自己有一个清醒的认识。对于想要创业的你来说，如果创业失败，那就意味着你将失去更好的生存条件，面临更大的生活困难。毕竟，创业总会有一些投入，即使不是资金的投入，也最好不要白白浪费。

有的人对自己不是很了解，总想去做点惊天动地的大事，但是，因为自己不具备做大事的能力，结果只会让自己心灰意冷。所以，毕竟创业关系着生存大计，谨慎一点对你没什么坏处。当然，对于这个测试，你可以不在乎你得到的结果。

对所有人，特别是“80后”、“90”后，生存的压力时刻在我们身边游弋，让人窒息。想要摆脱这种窒息感，我们选择创业是最合适的，但不见得任何人都适合创业。有的人创业只会让自己陷入生活的沼泽地，生活会更加让人窒息。所以，创业的成果人人羡慕，但不是人人都可以得到。

当然，如果做完了这个测试，你仍觉得自己确实是一个可以创业、有着创业激情的人，那就去试试吧。毕竟，人生如果有一次波澜壮阔的经历，能够为自己的理想奋斗过，做了自己喜欢做的事，即使失败了，至少可以证明自己曾经战斗过，也积累了经验。

只是，如果你决定去创业，并且为了创业你放弃所有暂时拥有的东西，那就不要再后悔。要知道，一个人如果想好好活着，就要去争取属于自己的主动权。而且只有争取到这些主动权，你才能活得有尊严。一旦创业成功，你就可以生活得相对舒适。

我们在生活中，也许有的时候会听到一些自己做生意的人说，无论什么时候都是要给自己干活。但是，我们也必须清楚一个事实，那就是只要自己干就会有风险。即使是无本生意，也是有风险和投入的，只是这种风险和投入不是显性的，而是隐性的。

对于没有基础的创业者而言，任何微小的风险都是致命的。所以一定要谨慎对待你所经历的每一个细节，一旦决定，就大胆去做你想做的事情。

有一个聪明的女人，因为喜欢创业，所以在还没有盛行创业的时候就放弃了在事业单位很好的职位，跑出来下海经商。她的丈夫因为长期得不到照顾，执意和她离婚。无奈之下，她只好放弃了婚姻。成为一个独自奋斗的女人。

刚开始的时候，她的创业资金是从银行贷来的，而且仅仅是5000块钱的资金。没有创业经验，仅凭着一腔激情，与那些在商场上战斗很多年的“老油条”相比，创业难度之大可想而知，这些都不是一个简简单单的女人能完成的。

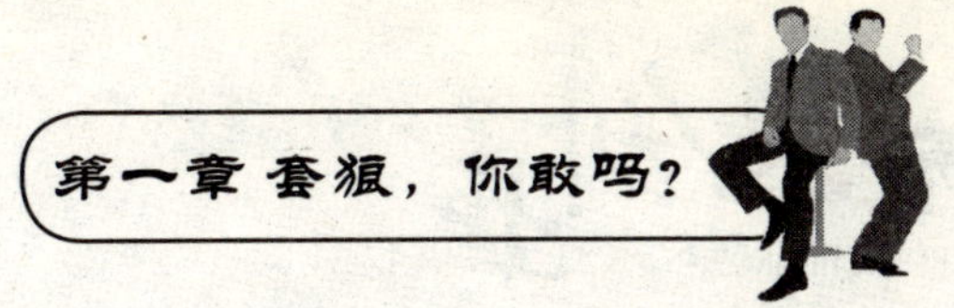

放弃了那样的一份工作，经常把自己塞到挤满了人的臭烘烘的火车座下面，全国各地到处跑，有的时候甚至连一口饭都吃不上。这样坚持了三年，她的事业才开始有起色。现在她已经是一个公司的董事长。

她的奋斗经历也许是每一个成功者的缩影，也是每一个成功者都要经历和面对的，也许有的人会经历比她更加艰辛的生活，才能够获得一点成就。这就是创业者必须要有的心理准备。

所以，要被动生存还是大胆一搏？你要想好了再去做。

3.没资金是否也可以创业?

也许你现在是个工人，也许你只是一家小公司的打工仔，也许你还是一名在校大学生……你想改变目前的状况，你想创业，但又苦于没有资金。

“没资金也可以创业吗？”这是很多人都会发出的疑问。

答案是肯定的。综观商业发展史，许多商贾巨富开始的时候都是“空军”。这些身无分文的穷光蛋是靠玩空手道起家的，“空手道”是商业的最高境界。所谓的“空手道”不是去骗、去诈，而是在法律规范的范围内，组合资源、白手创业。

俗话说：“借力发力不费力。”懂得借力发力的人能够以小搏大、以弱胜强、以柔克刚、四两拨千斤。“借”字是很多创业成功者的秘诀，他们借天下大势，发天下之财。

很多人创业遇到的最大问题就是资金问题，很多人认为创业必须要有足够的资金，没有足够的资金是无法创业的。但是草根创业者大都出身贫

寒，没有雄厚的资金支持。在这种资源匮乏的情况下，他们只是靠着精明的脑袋和非同一般的精神，走出了一条别具一格的创业道路。

武汉市黄陂区返乡农民工孙春华，从自己参加奥运村建设的经历中受到启发，利用家乡的碎石废料，贷款创建环保水泥砖厂。仅1年时间，他不但还清了12万元贷款，而且净赚10万元。

西安三人行广告传媒公司董事长钱俊冬，原本是一名家庭贫困、交不起学费的大学生，大一开始创业，大三就和他的合作伙伴共同拥有了50万元的公司资产。大学毕业4年，他创建的公司已走出陕西，进军北京、上海，他的个人资产已达千万。

身价高达20亿的新疆天地集团公司董事长郑大清，当年是怀揣1.2元钱离家，从打工起步的。

身价20多亿的成都禾嘉集团的创始人夏朝嘉，本是街道小厂的一名工人，当年是靠东拼西凑的6000元起家的。

这样的例子俯拾即是。他们能够取得世人瞩目的成绩，绝非偶然。他们能取得成功，技巧占很大的比例。创业没有资金绝对不行，而你也可以找寻一些方法积累资金。譬如，你可以先从做贸易开始，替别人搞营销，积累了一定的资金和经验后再去创业。很多成功商人都是做贸易起家的。

当我们翻阅处于金字塔尖的创富英豪的人生简历时不难发现，其中很多人在创业之前都是相当寒酸的。但英雄莫问出处，创业成功与资金并无必然的联系。出身豪门，有雄厚的资本做后盾，积累财富固然比较容易；但出身贫寒，没有创业资本，同样也能够创业成功。

4.创业者的动力是什么？

或许你要问："我是一个没有背景、没有金钱、没有丰富资源的草根创业者，白手起家赚取阳光的财富，真的可能吗？"我要说："只要你拥有创业的梦想、激情和决心，并愿意寻找创业途径，勇于实践，你一定可以梦想成真！"

法国巴黎阳光贸易公司董事长江晨琳是靠做自行车贸易取得成功的。她的成功就是怀揣梦想、勇于实践的结果。

两年前，江晨琳从中国到巴黎一家公司打工，为了方便上班，她决定买一辆自行车。在一家自行车专卖店里，她发现自行车的价格高得令人吃惊，竟比国内整整贵了3倍多！

回来的路上，江晨琳骑着新买的自行车，回想起自行车专卖店老板的话："我们也没有办法，这些单车都来自发达国家。我们也想便宜一些，但成本高……""如果有我们中国的自行车卖就好了，我们中

国的自行车不但价廉，而且物美。在巴黎经营中国的单车肯定能赚钱！为什么我不开一家中国自行车专卖店呢？”江晨琳为自己突然冒出来的想法感到兴奋，她萌生了要开设一家中国自行车专卖店的念头。

考虑到自己本钱不够，她想先做中介生意，无本起家。通过考察，她发现巴黎郊区的一个镇上有一家中国自行车专卖店。于是，她决定先去巴黎的各家自行车专卖店，向他们推销中国的自行车，在拿到对方所付订金和确定所需自行车的数量后，再到这里批发。这就是我们中国人所说的“借鸡生蛋”。

第二天，江晨琳毅然辞去了自己的工作，骑着一辆中国自行车，把巴黎郊区中国专卖店的自行车推销到市区各个专卖店。她原以为中国自行车物美价廉，一经推销，订单便会滚滚而来。令她没有想到的是，市区一个专卖店的黑人老板听说是中国产的自行车，就一口拒绝。一连推销几天，结果都是如此。

江晨琳百思不得其解。一打听才知道，原来两年前，有个巴黎人因骑一辆劣质的中国自行车而出了车祸，被媒体曝光，致使中国自行车声誉受到严重损害。从此，巴黎人对中国产的自行车望而生畏。

明白了其中原委，江晨琳觉得打开中国自行车市场并非她想象中那样简单。经过几日的慎重考虑，江晨琳决定坚持自己的梦想，迎难而上，就从第一个拒绝她的黑人老板那里打开缺口。

但怎样才能消除黑人老板对中国自行车的偏见呢？江晨琳从唐人街杂技团请来一个小伙子，又找了两个中国朋友，在黑人老板的专卖店门口表演杂技。

小伙子骑着中国产的自行车，展示他的骑车技艺，江晨琳的两个朋友一先一后坐上自行车，江晨琳也坐了上去。4个人的表演引来附近很多巴黎人驻足观看，纷纷惊叹中国小伙子的骑车技术，对一辆自行车载了4个人还自如运行赞不绝口。黑人老板也从店里出来看热闹，脸上渐渐露出了微笑。

当人群中有人称赞中国自行车质量真好时，黑人老板走到江晨琳面前，诚恳地说："我决定销售你们中国产的自行车！"在这位黑人老板的推荐下，许多自行车专卖店改变了看法，开始向江晨琳订购自行车。不到一个月，从她手上订购的自行车就达500多辆。江晨琳也从中赚了4000多美元，挣到她人生的第一桶金。

打开了巴黎市场，江晨琳继续坚持梦想，在巩固老市场的同时，逐步开拓法国其他城市的新市场。积累了一部分资金后，江晨琳注册成立了自己的贸易公司，直接向国内的生产厂家订货，减少中间环节，使利润大幅度提升。经过几年发展，江晨琳的自行车销售网络遍布法国大中城市，生意越来越兴隆，她成了名副其实的中国自行车女王，身价也超过了200万欧元。

江晨琳能够在异国他乡白手起家，从推销中国产的自行车入手，最终创业成功，就是因为她拥有梦想，并勇于坚持。即使在山穷水尽之时，也能抱以乐观的态度，最终才出现柳暗花明的可喜局面。

成功者都是怀有梦想者。想要白手起家的创业者，你不必非要给自己树立多么远大的理想，现实生活中，许多伟大梦想的成长往往都是发源于

微小的理想。江晨琳当初并没有想要成为中国自行车女王，她只是想开一家属于自己的中国自行车专卖店；比尔·盖茨最初的梦想也并不是要当世界首富，他只不过想从事自己喜欢的电脑行业而已。所以想要成功，不妨从树立微小可行的理想开始。因为微小的理想也是一种动力，有时候它就像一棵柔弱的小树苗，但只要生长的方向是对的，就会为自己撑起未来的一片天空。

成功学大师拿破仑·希尔说："一切的成就，一切的财富，都始于一个意念。"如果你决心创业，如果你能够坚持梦想，那么成功肯定不会太远。

5.创业雄心，你有吗？

一年冬天，在内蒙古额仑草原西北部一片优良的暖坡操场，集结起一个由数百头优良马组成的马群，这是为某骑兵部队精选的上等马，准备将其调养好，来年开春交给部队。而为了保护这群马，当地调拨了十个有经验的牧民和十几条猛犬来看管马匹。

不知何故，这个消息被饿了一冬的狼群知道了。狼群知道这是个烫手的热山芋，且不说有人和狗的守护，膘肥体壮的马群本身就有相当强的反击能力。然而，生存的本能与大马群的诱惑使得30多匹狼还是义无反顾地上路了。力量对比是何等悬殊，这群狼野心太大了。

可是让人不可思议的事情发生了：狼群竟然最终凭借野心和智慧，几乎全歼马群。这让所有亲见和听到这个事件的人目瞪口呆、惊诧不已。

其实，无论是狼还是人，只要有所追求，就一定会有雄心。创业同样

需要野心。人人都渴望成功，很多人之所以没有成功，就在于他们缺乏勇气，缺乏像狼一样的雄心和不达目的誓不罢休的毅力。

狼的勇气以及团队精神值得人类学习。狼敢于向比自己大几倍的敌人发起进攻，就算自我牺牲，同类也会奋不顾身地发起群攻，最终打败敌人，收获成功。一个创业者首要的是野心，没有心，就算是一个行业的权威，也只能是帮助别人成功，却永远无法成就自己的事业。创业就是不断地解决问题，处理的问题多了，就成了经验，有了经验就会成为行业的强者，才有可能领导行业的发展，所以具备狼的雄心对个人发展极其重要。

德国一家电视台有一档智力游戏节目，名叫《谁是未来的百万富翁》，因为奖金丰厚、悬念迭出，吸引许多德国观众。这档节目有一个特点，就是每答对一道题目，就可以获得相应的奖励，而如果继续答题时没有答出，参赛者就退出比赛，并且剥夺已经获得的奖励。

前十几期没有一位参加者能够获得100万的奖励，能够在节目中有所收获的只是一些见好就收的人。

自节目开播几年来，虽然参赛者高手如云，可真正一路过关斩将到最后的人却一直没有出现。因此，所有的参赛者都学乖了，最多到10万左右，便都放弃答题，退出比赛。直到一位叫克拉马的年轻人参与，才第一次产生了百万大奖。

令人奇怪的是，克拉马取得百万巨款并不是因为他学识渊博，据当地媒体评论说，成就克拉马的不是学识，而是心理素质和野心。因为在50万之后，每一道题都非常简单，只需略加思考，便能轻松答出。

那么多人与巨奖失之交臂，都是因为自己“见好就收”，没有成就百万富翁的野心。

你为什么不能成为未来的百万富翁？也许你觉得是因为自己缺少资本。但综观白手起家的成功创业者，他们都曾贫穷过，有的甚至穷得苦不堪言。可后来他们成功了，并且富甲天下。仅凭这一点，你就有理由相信自己，只要有野心，努力奋斗，并且奋斗的方向和方法不错，就一定会有收获。

当然，对于白手起家的创业者，开始时会有很大的付出，因为你做的事情并不是安稳的，而是没有保障，充满风险。你经常会遇到挫折，会失望，还会经常处于痛苦和沮丧之中。但这是一个充满刺激的过程，在这个过程中，你的能量得到最大限度的发挥，你还会遇到很多新的事、新的人，让你整个人生和你所处的圈子发生变化。这是一个蜕变的过程，虽然艰辛，却能给人新的生命。

对白手起家的人来说，如果为拥有第一个一百万花费了十年时间，那么从一百万到一千万，也许只需要五年；再从一千万到一亿，只要三年就够了，说不定更短。这是因为你已经有丰富的经验和启动的资金，就像汽车已经跑起来，速度已经加上去，只需轻点油门，车就会前进如飞。

测试：你是一个野心家吗?

你具有成为赢家的条件吗?想知道你的野心有多大吗?请做下面的测试。这个测试是根据麦克莱伦和澳大利亚新南威尔士大学约翰雷的研究成果改编的。

1.下班后你就不再想工作上的事。

是□　否□

2.你很喜欢赌球、彩票、赛马等。

是□　否□

3.人只活一次，所以和许多朋友愉快生活胜过通过艰难工作取得成就。

是□　否□

4.你很不喜欢看到浪费现象(如食物、燃料、纸张等)。

是□　否□

5.你每天列出要做的事情。

是□　否□

6. 你愿意和相处和谐但有点笨拙的人合作，而不愿意和很难相处但竞争力很强的人合作。

是□　　否□

7.你习惯今日事今日毕，不喜欢拖到明天。

是□　　否□

8.你对成功人士的生活很感兴趣。

是□　　否□

9.你差不多对所做的每一件事都有时间观念。

是□　　否□

10.你愿意选择重要的、艰巨的、只有50%成功率的工作，胜于那些不重要但轻松舒适的工作。

是□　　否□

得分计算：

回答与下列答案相符的，各得一分，然后计算你的总分。

1.否 2.否 3.否 4.是 5.是 6.否 7.是 8.是 9.是 10.是

得分为8～10分：你很有野心。你成功的动机可能很有益，但注意，对自己要求高了可能影响健康。一定要花些时间放松和享受生活。

得分为5～7分：你的野心一般。你满足于有限的成就。只要过程愉快，你就能不计较输赢。

得分为0～4分：你的野心很小。你是心灰意冷，对自己没有信心，还是缺乏动力？或许你满足于现在的生活，但如果你并不满意，最好找个信任的朋友或专业工作咨询师谈谈，可能会有帮助。

6.创业需要冒险精神吗？

创业首先是一次冒险之旅。

每年夏天，都有上百万匹角马从干旱的塞伦盖蒂北上，迁徙到马赛马拉的湿地，在这艰辛的长途跋涉中，格鲁美地河是唯一的水源。

这条河与迁徙路线相交，对角马群来说既是生命的希望，又是死亡的象征。因为角马必须靠喝河水维持生命，但是河水还滋养着其他生命，例如灌木、大树和两岸的青草，而灌木丛是猛兽藏身的理想场所。

在河流缓慢的地方，还有许多鳄鱼藏在水下，静等角马到来。甚至湍急的河水本身就是一种危险——角马群巨大的冲击力可能将领头的角马挤入激流，它们若不是被淹死，就是丧生于鳄鱼之口。

顶着炎炎烈日，焦渴的角马群终于来到了河边，狮子、鳄鱼忽然从河边冲出，将角马扑倒在地或拖入水中。涌动的角马群扬起遮天的尘土，挡住了离狮子、鳄鱼最近的那些角马的视线，一场杀戮在所难免。

创业的过程就像在荒野上前行，如果你想生存下来并成功抵达终点，

就必须敢于冒险。

冒险是每个创业者在整个创业过程中一直都要面对的课题，没有任何一个成功的创业者和冒险绝缘，这就是创业的真谛。

原本一文不名的农家子弟王传福，26岁时便成为高级工程师、副教授；在短短7年时间里，他做到镍镉电池产销量全球第一、镍氢电池排名第二、锂电池排名第三，37岁便成为饮誉全球的“电池大王”，坐拥3.38亿美元的财富；2003年，他斥巨资高歌猛进汽车行业，誓要成为汽车大王……现如今，他已是比亚迪股份有限公司董事局主席兼总裁。是什么让他成就青年创业的神话，成为商界奇才呢？他自己认为，“最关键的是有冒险精神”。

每一个打工仔都有一个老板梦，每一个创业者都有成功的愿望。有愿望是好事，但不去冒险，愿望怎么可能实现？在不确定的环境里，人的冒险精神是最稀有的资源。世上没有万无一失的成功之路，世界是变幻莫测、难以捉摸的，创业之路更是如此。

从某种意义上说，赌徒是最适合创业的。

道理很简单，创业本身就是一项冒险活动。赌徒最有胆量，敢下注，想赢也敢赢，所以说句玩笑话，他们最适合创业。赌徒的心理承受能力远远超过普通人，而创业正是最需要强大心理承受能力的一项活动。大凡成功人士都有某种程度的赌性，创办企业者尤其这样。

很多创业者在创业的道路上，都有过“惊险一跳”的经历。这一跳成

功了，功成名就；要是跳不成，就只好凤凰涅槃了。

创业需要胆量，需要冒险。冒险精神是创业家精神的一个重要组成部分，但创业毕竟不是赌博。创业家的冒险要区别于冒进。电影界的骄子“华纳四兄弟”就是敢于冒险、不怕失败的强者。

作为补锅匠的儿子，他们从做小生意起家。1904年，兄弟合伙搞了一架电影放映机，从此开始与电影结缘。1912年，他们迁居美国之后，虽然几经失败，大起大落，但仍不灰心。1927年他们终于成功摄制电影史上的第一部有声电影《爵士歌手》，华纳兄弟影片公司从此蜚声全球。

商家的法则就是冒险越大，赚钱越多，特别是对一个前入尚未涉足的市场领域，创业者就更要冒风险。成功与失败都是不可预见的，放手去做就意味着冒险。如果遇到这样一个机会，你怎么办？无疑，摆在面前的只有两条路：赢了，人生就此改变；输了，也许是一败涂地，但也可以东山再起。一般人往往会望而却步，甘愿放弃机会；而勇敢者就会知难而上，激流勇进。俗话说：“谋事在人，成事在天。”只要在充分估计自己的能力和各方面状况的情况下，不盲目冒进，大胆尝试，就一定能取得令人满意的结果。

测试：你是一个敢于冒险的人吗？

你是一个敢于冒险的人吗？或者你是一个小心谨慎的人？利用下面的测试题，你可以做一次自我检测。回答问题时，除了已经指出的条件，你不必考虑可能影响决定的具体环境和细节。

分数计算方法：

每个问题有可供选择的五种答案，你从中选出一个：“是”（5分）；“倾向于是”（4分）；“不置可否”（3分）；“倾向于否”（2分）；“否”（1分）。

第一题：电梯的载重量只限六个人，你敢和另外七个人一起乘坐这个电梯吗？

第二题：惊马狂奔，你敢抓住它的缰绳吗？

第三题：假如驯兽师事先保证你的安全，你敢和他一起进入关着狮子的铁笼吗？

第四题：外出旅行，驾驶汽车的是你熟悉的司机，不久前他出过严重的车祸，你敢坐他的车吗？

第五题：上司告诉你裸露的高压电线里没有电流，并吩咐你用手去触碰它，你敢这样做吗？

第六题：河里流水非常寒冷，你敢第一个下水泅渡吗？

第七题：在时速100公里的火车上，你敢立在车厢门口的踏板上吗？

第八题：听过几次驾驶直升飞机的技术讲座，你认为你有把握驾驶

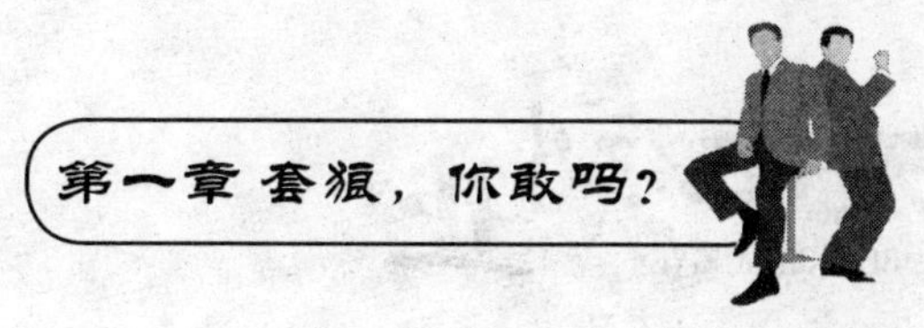

飞机吗？

第九题：久病卧床需动手术，而手术有生命危险，你同意手术治疗吗？

第十题：没有经过技术训练，你敢驾驶帆船吗？

第十一题：站在10米高的楼房，下面是张开的消防救护帆布大篷，你敢往下纵身一跳吗？

第十二题：在有专门技术工人的带领下，你敢爬到工厂高大的烟囱上面吗？

结果分析：

假如累计分数在50分以上，你就是一个敢于冒险的人；假如累计分数在25分以下，你就是一个小心谨慎的人。

7.头脑是最大的资本

创业要实现的目标之一就是致富，很多人在创业过程中都会有这样的思考：成功有捷径吗？成功学大师拿破仑·希尔的回答是肯定的。致富的捷径就是以积极的思考致富，相信你能，你就做得到，不论你是谁，不论年龄大小，不论学问程度高低，都能招徕财富。

曾经有个人受过良好的教育，聪明绝顶。他在学业上相当成功，一辈子都很勤奋，有着丰厚的收入，然而他终其一生都在个人财务的泥潭中挣扎，被一大堆待付的账单所困。对于金钱和财富的理解，他会说：贪财是万恶之源。因为他从小就被父亲灌输了这样的观念：要努力学习，获得好成绩，找个挣钱的工作，最好能够成为一名教授，或者去读MBA。结果真的如他父亲所愿，成为一名教授。

现在他总是很关心加薪、退休政策、医疗补贴、病假、工薪假期以及他的额外津贴等。他经常说："我从不富有，我对钱没有兴趣。"

遇到钱的问题时，他也习惯于顺其自然，因此他的理财能力越来越弱。这种结果类似于坐在沙发上看电视的人体质上的变化，懒惰必定会使人体质变弱，财富减少。

另外一个人并非毕业于名牌大学，他只上了6年学，他的事业却非常成功，他一辈子都很努力，成了当地最富有的人之一。他一生为慈善机构和家人留下了数千万美元的巨额遗产。他时常说："脑袋越用越灵活，脑袋越活，挣钱就越多。"在他看来，轻易说"我负担不起"这类话是一种精神上的懒惰。当他遇到钱的问题时，他总是想办法解决。长此以往，他的理财能力更强了。这种结果类似于经常的体育锻炼可以强身健体，经常性的头脑运动可以增加自己获得财富的机会。

在经济上他完全信奉经济自立，他反对那种"理所应当"的心理，并且认为正是这种心理造就了一批虚弱的、经济上依赖于他人的人。他提倡竞争，不断地投资，并写下雄心勃勃的事业规划和财务计划，进而为自己创造了更多的创业机会，并一步步走向成功。

这是一个关于富人和穷人的故事，这个故事告诉我们：富人和穷人的区别不在于挣钱多少，而在于思想和行动。穷人之所以穷，那是由于他的思想。一个人想不想创业并不在于你有多少资本，而在于你是否有灵活的头脑和发家致富的思想，如果你有，你就一定能成功。

哈姆在一家退伍军人医院疗养，休闲的时间很多，可是能做的事情并不多，他就静下心来读书思考。哈姆知道很多干洗店在烫好的衬衣

上加一张硬纸板，防止衬衣变形。他写了几封信向厂商洽询，得知这种硬纸板的价格是每千张4美元。他在静静的思考中突发灵感，在硬纸板上加印广告，再以每千张1美元的低价卖给洗衣店，赚取广告利润。

哈姆出院后，立刻着手进行，并持续每天研究、思考、规划。广告推出后，哈姆发现客户取回干净的衬衣后，将纸板丢弃不用。哈姆问自己："如何让客户保留这些纸板和上面的广告？"答案闪过他的脑际。他在纸板的正面印上彩色或黑色的广告，背面则加进一些新的东西——孩子的着色游戏、主妇的美味食谱或全家一起玩的游戏。有一位丈夫抱怨洗衣店的费用激增，他发现妻子竟然为了收集哈姆的食谱，把可以再穿一天的衬衣送洗。正是由于哈姆的积极思考，他没花一分钱就快速发家致富，成了当地有名的富商之一。

思考的作用由此可见一斑。

亿万富翁亨利·福特说，"思考是世上最艰苦的工作，所以很少人愿意从事它。"拿破仑·希尔在《思考致富》一书中说，如果你想变富，你需要思考，独立思考而不是盲从他人。富人最大的一项资产就是他们的思考方式与别人不同。

你的头脑就是你最有用的资产。想要成功创业，就不能墨守成规，而是要积极思考，千方百计对方法和措施予以创造性的改进。如果你一味地只做别人做的事，你最终只会拥有别人拥有的东西。有句谚语是这样说的：最努力工作的人最终绝不会富有。学会思考吧，每天1440分钟，哪怕你用1%的时间来思考、研究、规划，也一定会有意想不到的结果出现。

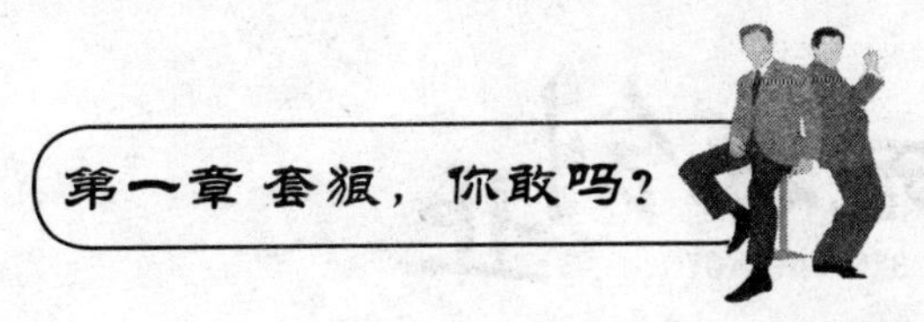

测试：你的头脑灵活度

假设排除体力与金钱因素，让你自由选择老年生活，你会喜欢哪种形态的晚年生活?

A.一群子女承欢膝下，共住一堂。

B.到养老院或老人公寓，和年纪相仿的人共住。

C.自己住在偏远僻静的乡下。

D.云游四海。

测试结果：

选择A的人：

你基本上是属于有点儿固执的人。固执度不高，但遇到紧急的突发状况时不太会立刻变通，会先慌乱一阵儿。可能就是因为你行事一向按部就班，也很少出错，所以会认为照本宣科是理所当然的，脑袋转弯度较低。

选择B的人：

“识时务者为俊杰”这句名言正代表你的处世态度，平常你蛮坚持自己的某些原则，被其他人认为你很固执，不过当情势改变时，你还是会放下己见，适时调整自己的想法，让脑筋转个弯。

选择C的人：

你是个很机灵的人，如果状况不对，你也会立刻反应过來，非常清楚要快速变通。应该说你的脑筋不只会转弯，而且速度超快。不过也要小

心，别动得太快，否则会给跟不上你的人留下太没原则的印象。

选择D的人：

不管你心中怎么想，当遇到突发状况时，你会先做合理的变通处理，再探讨是否要继续这样做。所以你其实很固执，不过平心而论，经过和别人讨论，你还是能沟通、识大体的人。

8.40岁创业晚不晚？

无论是在电视、网络还是报纸、杂志，甚至我们周围，都不乏成功的青年创业者。

1981年出生的大学毕业生高燃以自己的智力作为资本出资，获得了100万元风险投资资金，在电子商务领域开始创业。2003年，他创办了高维视讯公司，目前手下团队已有100多人，个人身价已达数千万元，成为“80后”互联网创富的新贵。

网易的创始人、成都电子科技大学毕业生丁磊，靠编软件、卖软件赚来的50万元投资、创办网易公司，他2003年成为中国首富才32岁。

美国埃克森美孚公司创始人洛克菲勒19岁开始创办公司，后来成了举世闻名的白手起家创业英雄，打造了一个誉满世界的石油帝国。

但也有一些人创业是从中年甚至老年开始的。

出身于农民家庭的美国IBM公司创始人沃森，从40岁才开始创业，竟成了计算机行业的霸主。

力帆集团的董事长尹明善，54岁时筹集20万元资金创办力帆，10年后成为亿万富翁。2008年力帆实现销售收入120多亿。

众所周知的肯德基创始人哈兰·桑德斯是一位退休上校，创建肯德基时已经65岁。

天堂伞集团创始人王斌章60岁时依靠2000元现金起家，把传统的、不起眼的雨伞做到年销售额5亿多元，创造了连续12年销量居全国同行之首的傲人成绩。

以上这些例子都说明：创业无年龄之分，即使40岁开始创业，也为时不晚。正如希望集团董事长刘永行所说："想创业，什么时候开始都不晚，创业成功的大门是向任何年龄的有志于创业的人敞开的，年龄不是创业成功的决定因素。"

因此不必在意你的年龄，创业的关键是不盲目，你要做的是先积累一定的职业经验和商业运营经验，有了一定的客户资源或者独特的商业模式后，再寻求创业机会，那样失败的几率才会大大降低。

观唐广告老总陈碧富，二十几岁时进入台湾奥美广告公司，从调研员做起，一步一步做到北京奥美的总经理，这期间跨越了几乎20年，他积累起了丰富的行销经验和客户关系。直到40岁，陈碧富觉得已经完全可以自己创业的时候，才果断放弃了北京奥美总经理的职位，出来创立了观唐广告公司，以前奥美的很多客户都成了观唐广告的客户，公司成立第一年，营业额就做到了几千万元。

陈碧富对媒体谈论自己创业的最大感受时，只说了一句："水到渠成。"

当一个人的经验积累、人脉关系、团队建设都达到一个比较成熟的层次后，出来创业自然就是水到渠成的事情。也许在很多人看来，陈碧富40岁才开始创业，似乎太晚了，会失去很多机遇。但事实是，正由于此，陈碧富创业成功的概率反而大大提高了，10年来，这家不求最大的广告公司依然比较健康地存活着。

9.创业成功与学历有关吗?

创业成功是否与学历有关？我们可以做出如下客观的评述：

首先看一下高学历者。一般来说，具有高学历的人读书多、见识广，思想开阔眼光远，虽然步入社会晚，但较低学历者更容易建立高价值的人脉关系，创业相对容易成功，是为优点和长处。

深圳太太药业创始人朱保国大学毕业后，以5000元起家，承包一家濒临破产的小化工厂作为创业起步，掘得第一桶金。他1992年南下深圳，用9万元从一个著名的女中医手中购买女性保健品配方，创办太太口服药业公司。2001年6月8日公司上市，使朱保国身价一夜暴涨到50亿，2002年位居福布斯中国大陆100强富豪榜第36位。

1998年的大学毕业生、思凯乐旅游用品公司创始人曾花，于2003年

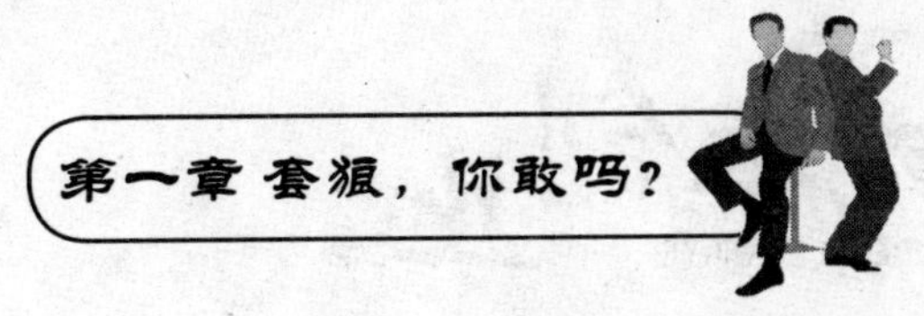

7月辞去西门子UPS北京代表处市场部经理职务，创办思凯乐连锁加盟品牌，她是靠父母向亲戚筹借的30万元起家的。目前，她已在全国开设50多家连锁店，并在2008年CCTV《赢在中国》总决赛中赢得700万元创业基金。

随着知识经济时代的到来，依靠“知本”白手起家者屡见不鲜，一大批具有高学历、高职称的知识界精英纷纷投入商海，成为一个个白手起家致富的耀眼明星。

但也有一部分高学历者自恃有知识有技术，似乎满眼都是机会，反而变得浮躁，细节之处看不到，或者是碍于面子和身份而不去落实。他们的思维也在长期的教育中形成了定势，喜欢稳定，害怕风险。在一项调查采访中，有不少创业者指出，很多高学历、高智商的人并不比低学历的人更有创业优势。

我们再来看一下低学历者。低学历的人虽然知识相对少一些，但阅历丰富，经历了社会大学的洗礼，对商场的认识更加真实。如果他们创业，反而会有吃苦耐劳、脚踏实地的精神，心理承压能力超强，有拼命的劲头，往往最后也会获得成功。

“老干妈”公司创始人陶华碧，一天学没上过，靠生产“老干妈麻辣酱”白手起家，1996年创建老干妈公司，6年后公司资产达到13亿元。

网星创始人、CEO王晨昀生于1981年，是个初中毕业生，6岁接触电脑，15岁接触互联网并于同年创办个人网站。如今他已积累了1500多万元的财富，并且成了网络创业畅销书作家，在各类媒体发表文章1000多篇，全国300多家报纸杂志对他进行了宣传报道。

中国第一成功网电子商务有限公司总裁刘标峰仅有中专文化，19岁时一贫如洗，白手起家创业，21岁成为百万富翁。他2004年全面进军互联网，创办第一成功网（www.yoao.com），成为中国最大的在线学习网站。24岁身价千万，是中国青年创业楷模。他在人民大会堂被全国工商联评为“2004年中国最优秀的民营企业家”。现为成功学家陈安之在上海的总代理。

身价过亿的“高中生”李想是泡泡网CEO，2008年6月，他所创建的泡泡网被澳大利亚电信收购，目前已经拥有4000多万元的财富，成为“80后”互联网创业致富的佼佼者。

由此可见，创业成功与学历之间并没有必然的联系。存在即合理，小学毕业坐拥百万也并不是什么科幻联想，文化和财富之间本来就没有什么硬性的联系。况且，中国的高等学府也没有创业这门课，创业道行如何，全靠自己。

10.人脉资源重要吗？

人脉即人际关系、人际网络，体现人的人缘、社会关系。根据辞典的说法，人脉的解释为“通过人际关系形成的人际脉络”，经常用于政治或商业领域。

斯坦福研究中心曾经发表一份调查报告，结论指出:一个人赚的钱，12.5%来自知识，87.5%来自关系。这个数据是否令你震惊?

好莱坞流行一句话：“一个人能否成功，不在于你知道什么(what you know)，而是在于你认识谁(whom you know)。”台湾卡耐基训练区负责人黑幼龙指出，这句话并不是叫人不要培养专业知识，而是强调:“人脉是一个人通往财富、成功的入门票。”

对于创业初期的你来说，积累相关的人脉资源非常重要。因为无论是在创业资金，还是所用人才等方面创业之初都需要其他人的帮助。所以在创业开始前要先开始累积人脉，这样当你需要的时候，才可以随时利用他们的优势资源。

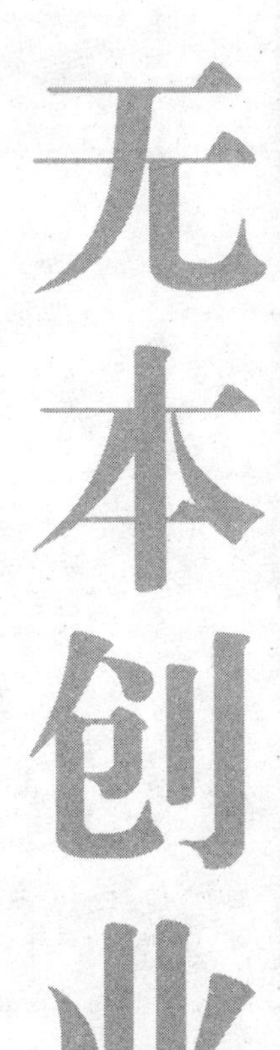

人脉资源可以说是经商者拓展生意的必需途径。古今中外，很多成功人士都是借助别人的关系和能力，才得以顺利攀上成功的巅峰。

1988年8月，年仅17岁的吴云前怀揣着2000元只身来到大连，18年后，他创建的大连百年城集团已成为业界瞩目的商业地产新秀。

当谈起自己的创业经历时，吴云前说："今天你有商业机会和经营能力是不够的，成功要看你是否有一帮专业的人才，还需要有社会资源，也就是现在讲的人脉资源的结合。"

吴云前对自己的定位很明确：专业的事情要由专家来做，自己的工作就是广交朋友，发现和组织专家，然后将各种资源整合起来，一起达成共同的目标。

巨人商业发展有限公司董事长陈颂楠在总结二十几年的经商感悟时，也特别强调了关系的重要性。

他在下海之初办厂失败，亏损了40多万元，当时身上仅有500多元，他就用这500多元钱摆了两桌酒，请了20个朋友。

他在酒席上坦言自己的困境，希望朋友助一臂之力。当时在座的20个人全部答应每人借给他2万元。有的朋友家里根本拿不出这么多钱，就帮他到亲友处去借。3天之后，40多万元就送到他手中。

庞大的人际关系网使这种独特的融资方式成为可能，在朋友圈内仅凭个人信用，不需要任何担保，就实现了资金的转借。这对于白手起家的你来说，绝对是一个一本万利的好方法。

那么，通过哪些途径可以获得人脉资源呢？

现在社会上同学会很盛行，仅北京大学，各种各样的同学会就不下几十个，据说其中有一个由金融投资家进修班学员组成的同学会，仅有200余人，控制的资金却高达1200亿，殊为惊人。

在许多成功者的身后都可以清楚地看到他们同学的身影，有的是少年时代的同学，有的是大学时代的同学，还有各种成人班级，如进修班、研修班的同学。赫赫有名的《福布斯》中国富豪南存辉和胡成中就是小学和中学时的同学，一个是班长，一个是体育委员，后来两人合伙创业，在企业做大以后才分了家，分别成立正泰集团和德力西集团。

与同学相似的是战友；可以与同学和战友相提并论的是同乡。共同的人文地理背景使老乡有一种天然的亲近感。这是近年来各地同乡会风起云涌的原因。同学资源和同乡资源可并称为创业者最重要的两大外部资源。

另外，对创业者来说，效用最明显的还要数职业资源。所谓职业资源，即创业者在创业之前，为他人工作时所积累的各种资源，主要包括项目资源和人际资源。充分利用职业资源，从职业资源入手创业，符合创业活动“不熟不做”的教条。尤其是在国内目前还没有像美国或欧洲国家一样普遍认同和执行“同行反竞争”法则的情况下，选择从职业资源入手进行创业，已经成为许多人创业成功的捷径和法宝。

前中学数学教师、“好孩子”创始人、《福布斯》中国富豪宋郑就是通过一位学生的家长得到第一批童车订货，这才知道世界上原来还有童车这样一个赚钱的玩意儿。同时，宋郑还做童车的第一笔资金也是通过一位

在银行做主任的学生家长获得的。如果没有学生家长的帮助，宋郑还可能会一事无成。

最后一种是朋友资源。这里的“朋友”应该是一个总称。同学是朋友，战友也是朋友。老乡是朋友，同事一样是朋友。作为一个创业者，各种类型的朋友都要交，谈得来，交得上，就好像十八般兵刃，到时候不定就用上了哪般。朋友如资本金，对创业者来说是多多益善。“在家靠父母，出门靠朋友”、“多一个朋友多一条路”乃是至理名言。

当然，对于苦心建立起来的人脉资源，也应当学会有效管理。管理学大师彼得·德鲁克曾提出一个有趣的比喻：清理你的人脉就像清理你的衣橱一样。这句话有两层含义，一方面强调了人脉的重要性，它就像衣橱一样，与每天的生活都息息相关；另一方面说明了人脉的经营方法，要每天整理衣橱，将不适合的衣服清出衣橱，将更多的新衣服放入衣橱。

无本创业

第二章 空手套白狼，你准备好了吗？

“空手套白狼”，需要你在创业过程中运用智慧，以较少或极低的成本，巧妙借用社会上的各种创业资源，如巧妙汇总手里的资源、开展市场调查、留意市场趋势、寻找最佳创业项目等。准备好这些，才可以在创业过程中实现空手运作。

1.创业目标是创业成功的第一步

良马在奔跑时，总是要被戴上眼罩，这样，他的目光就会保持直视，而不受其他马匹和事物的影响，只会按照自己的跑道向前跑！

这就是获得成功最基本的法则——专注目标而非其他。创业更需要有明确坚定的目标，这也是创业成功的根本原因之一。

美国有个叫约翰·歌德的人，20岁前整天无所事事，不知自己在做什么，也不知自己该做什么。

25岁那年，由于一个偶然的机会，他参加了美国成功学院的一个讲座。

成功学家关于目标与成功、信念与财富之间关系的哲理，使他内心深处受到了强烈的震撼。他开始按照学到的方法，先后为自己设定了123个目标，小到交友、收入、住房，大到成为亿万富翁。

他把这些目标分解成若干阶段，每天、每月、每年都围绕着自己的

目标去努力。30年后，他自己制订的123个目标实现了105个，他最后成为人们羡慕的亿万富翁。

商界巨子J.C.宾尼说：“一个心中有目标的普通职员可能会成为创造历史的人，而一个心中没有目标的人只能是一个普通职员。”创业也是如此，只有明确目标，并始终不渝地朝着目标迈进，财富之门才会向你打开。

制定创业目标首先要有一个正确的方向。很多人把赚取财富设定为个人创业的首要目标。赚取财富是创业者天经地义的事情，实现个人的财富自由，通过自己的辛勤汗水和智慧换取阳光财富应该是每一个创业者都值得骄傲的事情。但创业者的创业目标不应仅仅定位在赚钱上，而应该树立综合的创业目标，包括财富、事业、家庭、人际关系、健康等多方面。

以家庭为例。我们经常会听到身边的一些创业者说：“我这样努力，没黑没白地去赚钱，还不是为了老婆、孩子、父母等。”我觉得这是一个很滑稽的理由，说这样话的人没有想明白，致富赚钱改善生活的品质的确是应该的，但是不能因此而忽略家庭的幸福。创业者应该学会处理好事业与家庭的关系，使二者有机结合。

创业者应尽量做到周六周日不加班，可以陪陪家人。可以想象，公司的事务肯定非常多，但他却能把家庭的和谐与工作处理得很好。因此，如果你认为创业就是要赚钱，在创业过程中可以暂时牺牲家庭，那么这种观点无疑是错误的。

还有一部分创业者认为，创业就是为了享受，为了过上奢华的物质生活及满足自己的各种享受。目标不纯正，很容易走上歧路，这样的人也不

可能走得很远。

想要成为一名成功的创业者，必须树立正确的创业目标，这样才能时刻激励自己发挥潜能和创造力，最终取得成功。

树立了正确目标方向，接下来就是如何设定具体目标的问题。我们经常听到有人说“我将来要成为亿万富翁”，那么，到底是哪一天，难道是2100年吗？还是等到自己快要进入天堂的时候再成为亿万富翁？这就要求我们在设定目标时，实现的时间要具体化。“将来”是在目标中最禁用的词语，请你使用“×年×月前”这样具体的时间。

我们也会听到这样的声音：“我要买一辆好车”，“我想换一套大房子”。这些都是模糊的目标。在设定目标时，你应尽量使用具体的数字来描述。比如，你应该确定地说出自己想买的是一辆什么车，是别克、宝马还是奔驰？要买多少平方米、在什么位置的房子？这样的目标才能真正地让自己的真实想法焕发出来。有很多人用梦想画板，更加准确地定位自己的目标，例如，把自己喜欢的办公楼和装修风格的图片制作出来，每天想象自己的公司将搬进这座写字楼并且按照这种风格装修，这些都是强化目标的好办法。

另外，给自己制定目标一定要让自己相信。制定目标需要慎重、认真，能激发自己内心中的渴望。“我打算成为华人首富”，如果这是未来的目标，难免格局太大了，但如果这是短期的目标，却又太空，可能连自己都不相信。愿景目标要格局大；但是近期目标要基于现实，并且加上自己的梦想，要能够让自己相信真的能够实现。制定目标后，要相信自己能完成，还需要不断地去强化自己的记忆，经常温习。

最后，你所设定的目标并非一成不变的，每过半年或者一年，你应该结合市场行情和自身的实际情况重新修正目标。

2.市场调查怎么做?

创业之前一定要搞好市场调查，因为前期调查对于制定以后的创业计划有着至关重要的作用。来源于调查的一些数据和分析可以为你提供进货控制、价格制定以及宣传策略等方面的参考依据。有的创业者往往会根据朋友的介绍确定市场情况，这样有时会因个人观察角度不同，得到的信息是不准确的。有条件的可以直接请一些提供市场调查服务的公司或机构来帮忙，但请这样的公司一般价格不菲，所以不如采取一些行之有效的方法，自己进行调查。

一般来讲，获取信息的方法有两种。一种是随机获取信息，很多情况下，你并不一定有获取信息的明确目标或具体计划。很多有价值的信息是在你不经意的时候被发现的。作为一个生意人，读报、看电视、观光旅游、漫步、与人闲谈时，都要做个有心人，时时留意有价值的信息。第二种获取信息的方法就是带有明确的目的、具体的计划，运用一定的手段去获取信息。

创业者首先要从经营环境开始调查。经营环境调查包括三方面：政策、法律环境调查；行业环境调查和宏观经济状况调查。

1.政策、法律环境调查

政府政策的变化和法律、法规的实施都会对企业产生重大影响，如税收政策、银行信用情况、能源交通情况、行业的限制等等都与企业和产品关系重大，是市场调查不可分割的一部分。

你需要调查与你所经营的业务、开展的服务项目有关的政策、法律信息，了解国家是鼓励还是限制你所开展的业务，有什么管理措施和手段。当地政府是如何执行有关国家法律法规和政策，对你的业务有何有利和不利的影响等。

2.行业环境调查

你需要调查你所经营的业务，开展的服务项目所属行业的发展状况、发展趋势、行业规则及行业管理措施。比如，从事服装业的人应该了解服装行业的发展趋势，流行色和流行款式，服装技术发展潮流等。进入一个新行当，应充分了解和掌握该行业信息，这样才能有助于尽快实现从“门外汉”到内行的转变。

3.宏观经济状况调查

这个调查层面似乎有点儿大，但宏观经济是否景气会直接影响老百姓

的购买力。“大气候影响小气候”，如果企业效益普遍不好，经济不景气，你的生意就难做，反之生意就好做。掌握大气候的信息是做好小生意的重要参数。

经济景气宜采取积极进取型经营方针，但经济不景气也有挣钱的行业，也孕育着潜在的市场机遇，关键在于如何把握和判断。

比如，1989年夏天，中国香港部分有钱人移居外国，导致市场低迷，地价楼价大跌。在这种状况下，少数精明的、有政治眼光的商人看准时机，在楼价下跌时大量买进“楼花”。不出半年，香港民众认识到局势稳定，中国改革开放的政策不变，“一国两制”方针不变，保持香港繁荣稳定不变，形势明朗，楼价攀升，精明的、有政治眼光的商人着实大赚一把。因此，了解客观经济形势、掌握经济状况信息是经营环境调查的一项重要内容。

其次，要进行市场需求调查。

市场需求调查即调查你所要生产或经营的产品在过去几年的销售总额、现在市场的需求量及其影响因素，特别要重点进行购买力调查、购买动机调查和潜在需求调查，其核心是寻找市场经营机会。通过市场调查，你才能对产品进行正确的市场定位。比如你想经销某种科技产品，就应调查一下市场对这种科技产品的需求量，有无相同或类似的产品，市场占有率是多少。

同时，通过市场调查，你能对市场需求趋势进行把握，了解市场对这种产品或服务项目的长期需求态势。比如，你想提供一项专业的家庭服务

项目，你就要了解该服务项目是逐渐被人们认同和接受，需求前景广阔，还是逐渐被人们淘汰，需求萎缩；了解该服务项目技术和经营两方面的发展趋势如何，等等。

再次，你还要对顾客情况进行调查，包括你原有的客户和潜在的顾客。一般包括两方面内容：

一是顾客需求调查，例如购买某种产品（或服务项目）的顾客大都是什么人（或社会团体、企业），他们希望从中得到哪方面的满足和需求（如效用、心理满足、技术、价格、交货期、安全感等），市场上的哪些产品（或服务项目）能够或者为什么能够较好地满足他们某些方面的需要等。

二是顾客的分类调查。重点了解顾客的数量、特点及分布，明确你的目标顾客，掌握他们的详细资料。如果是某类企业和单位的话，应了解这些单位的基本状况，如进货渠道、采购管理模式、联系电话、办公地址，某项业务负责人具体情况和授权范围，对某种产品和服务项目的需求程度，购买习惯和特征。

如果顾客是消费者个人，应了解消费群体种类，即目标顾客的大致年龄范围、性别、消费特点、消费水平，对某种产品和服务项目的需求程度、购买动机、购买心理、使用习惯。掌握这些信息，将为你有针对性开展业务做准备。

最后，对竞争对手也要进行调查。

竞争对手调查包括了解竞争对手的基本情况、竞争对手的数量与规

模、分布与构成、经营战略、新产品、新技术开发情况和售后服务情况，还要注意潜在的竞争对手。比如，你开展了一项全新的业务，有独到之处，在你刚开始经营的时候，没有现实的对手；但当你的生意兴旺后，马上就会有许多人学习你的业务，竞相加入竞争行列，这些就是你的潜在对手。“知己知彼，百战不殆”，只有充分了解竞争对手的情况，做到心中有数，才能在激烈的市场竞争中占据有利位置，有的放矢地采取一些竞争策略，做到“人无我有，人有我优，人优我更优”。

3.给自己制定一份创业计划

创业计划对于白手起家的创业者来说非常重要。为什么这么说呢？因为一般“零”资本的人想要创业，就必须要“借”用他人的资金来发展自己的事业。当你邀请他人投资你的事业时，对方一定不会希望你只以口头形式向他说明，而是希望你能先整理一套行之有效的计划，再与之沟通。

另一方面，你自己在做一项活动时，也最好是将所要进行的活动与规划事先写好并发送到相关单位，而不是采取“反正东西都在我脑袋中，事前再临时协调安排”的游击做法。

此外，制定创业计划对你及你的创业团队也是有很多好处的。创立新事业以实现梦想愿景，虽然可以为你带来极大的自我肯定与成就感，但创业过程往往也会伴随着沉重的焦虑感与高度紧张的心理状况。取得财富的过程往往会带点“赌”的挑战，一个错误决策可能会使许多人长期陷入困境，而事前的创业规划将有助于降低你对于这种“赌注式”过程的焦虑与紧张，使你及早认知未来新事业可能遭遇的各类风险，并事先预备一些对

策，这种经验有助于你面对未来风险与挑战。

如何写创业计划书呢？

这要依目的，即看计划书的对象而行。你是要写给投资者看，还是要拿去银行贷款，都要按不同的目的来写，计划书的重点会有所不同。就像盖房子之前要画一个蓝图，才知道第一步要做什么，第二步要做什么，别人也才知道你想要做什么。而且大环境和条件都会变动，事业经营不只二三年，有这份计划书在手上，当环境条件变动时，就可以逐项修改，不断地更新。

下面就创业计划书的要素做重点介绍。不管创业计划书有多少种，它一定有个规范，有一定的章节，有一定不能少的东西，在这里介绍六个“C”。抓住了这六个“C”，也就抓住了创业计划书的精髓。

第一个“C”是concept（概念）。概念指的就是：在计划书里，要让别人可以很快地知道你要卖的是什么。

第二个“C”是customers（顾客）。明确所卖的东西以后，接下来是要卖给谁。顾客的范围要很明确，比如说你所卖产品锁定的顾客为学生，那大学生能用的东西，小学生也能用吗？产品适合的目标对象要界定清楚。

第三个“C”是competitors（竞争者）。你的东西有没有人卖过？如果有人卖过，是在哪里，你所在的城市就有，还是其他城市才有？有没有其他的东西可以取代？这些竞争者跟你的关系是直接还是间接？

第四个“C”是capabilities（能力）。你所经营的东西自己会不会、懂不懂？譬如说开美容店，如果师傅不做了，暂时找不到人，自己会不会做？如果没有这个能力，至少合伙人要会做，再不然也要有鉴赏的能力，否则最好不要做。

第五个“C”是capital（资本）。资本可能是现金，也可以是资产，或者其他可以换成现金的东西。你的资本在哪里、有多少，自有的部分有多少，可以借贷的有多少，要很清楚。

第六个“C”是continuation（永续经营）。当事业做得不错时，将来的计划是什么？

任何时候只要掌握这六个“C”，就可以随时检查、随时更正，不怕遗漏什么了。

有了一份明确详细的商业计划书，白手创业的梦想才有可能变成现实。关于如何撰写计划内容，以下书籍可供参考。

1. 朗达·艾布拉姆斯（Rhonda Abrams）著的《成功的商业计划书》（*The Successful Business Plan*）；

2. 马克·亨里克斯（Mark Henricks）和约翰·瑞德（John Riddle）著的《商业计划书变得容易了》（第2版）（*Business Plans Made Easy，SecondEdition*）；

3. 戴维·帕默利（David Parmerlee）著的《制定营销计划》（*Preparing the Marketing Plan*）。

这几本书都很实用，提供了形式、样板、范例、检验表、样表、图形及建议。在大多数书店，这些书都容易找到。

4.创业项目选择是关键

无本创业者大都是初次创业，难免会有这样的疑问：怎样才能够识破电视、网络上那些只赚不赔的创业忽悠，找到一个可持续发展的项目，而不是掉入别人圈钱的陷阱之中?

人们常说：看花容易种花难。真想自己做番事业，还是要费不少脑筋的。项目的选择像人们日常生活中的选择一样，需要学问、方法和技巧。有一个故事很能说明这个道理。

古希腊哲学大师苏格拉底有3个弟子，他们曾真诚虚心地向老师请教：怎样才能成功?

苏格拉底沉默不语，却带他们走进麦田，只许前进，每人仅给一次选择的机会，要求是：选择一个最好最大的麦穗。

第一个弟子没走几步，就看见一个又大又饱满的麦穗，马上高兴地摘下来。但当他继续前进时，发现前面有好多麦穗比他手中的还大还

饱满，但他没有机会了。他感到很懊悔，却也只能无奈地在绿色的麦田中走完全程。

第二个弟子正好相反，他心中的目标是选择一个最大的麦穗，每次要摘时，总是自我提醒，后面可能还有更大更好的。不知不觉已经走到终点，却一无所获，因为他已经失去了最好的机会。

第三个弟子运用了一套独特的方法，当他走过全程的三分之一，即分出大中小三类麦穗；再走三分之一，验证一下分类是否正确。在剩下的三分之一路程里，他果断地选择了属于大类的麦穗中最好最大的。虽然这个麦穗不一定是麦田中最大的，但选择的结果是最令人满意的。

这在管理学上称为“麦穗哲理”。“麦穗哲理”中的第一个弟子，急于做出选择，而遗憾地丧失了获得更大麦穗的机遇；第二个弟子迟迟不敢做出选择，结果只能无功而返；第三个弟子运用科学的方法，自信满满地做出选择，找到了最理想的麦穗。选择好的项目不也是如此吗？项目选择既要看市场，又要看自己的实际情况，把市场需求前景和自己的实际情况有机结合才可能成功。

一般来说，在选择创业项目时应遵循以下几点：

1.创业项目要选择适合自己的

俗话说：“隔行如隔山。”应尽量选择与自己的专业、经验、兴趣、特长挂得上钩的项目。完全不熟悉的行业是非常难做的，别人赚钱的行业

不见得自己做也能顺利赚钱。每个行业有独特的门道，最好不要盲目介入完全不了解的行业，或者自己都没搞懂的行业，以免遭遇失败。

2.目标群体越多越有市场

经营小本生意时，市场调查一定要慎重，必须看你所要选择的创业项目适用人群是谁，量有多少。也就是说，谁会接受这个产品或服务，有多少人会接受？接受的人越多越好。不了解的话必须作深入的市场调查。并不是大家都在赚钱的行业，你做就一定也赚钱，因为每个行业都有一个生命期，当它发展成熟的时候，也是开始进入衰亡的时候。

另外，对市场来说最重要的就是消费者的数量和需求量。比如餐饮类就是永不衰亡的创业项目，因为民以食为天，人每天都要吃，重复使用率高。但这个行业问题也很多，又累又杂，人手少、管理经验少的创业者不便选择；而一些新兴的行业，如果具有非常巨大的市场空间，就适合经营，能抢到第一口蛋糕的人是智者。不过行业潜力，就要看个人判断了，必要时，还要相信专家和行家。

3.看项目投入和产出的比率是否合适

比如投入10万，一年下来赚1万，这个项目就不值得投资；而投入1000，一年赚10万这种项目，十有八九是骗人的。一般情况下；有20%以上稳定年回报率的项目就可以投入。年回报率稳居30%以上的项目就是一个非常好的项目。稳定才是致富的真正秘诀。一本万利而不能长久，并不

能解决根本问题。

4.看项目的可垄断性有多强

一般来说，可以在一定地域内形成垄断形势越久，该项目能为你带来越多的利润。但是，如果你的经济实力不是很强，而一个项目提供的产品或服务暂时无法让你周围的人理解和接受，这样的项目你最好暂时不要介入。

5.从实际出发，不贪大求全

有句话说：定位决定人生。人的心态在某种程度上取决于自己对自己的评价。你在心中给自己什么定位，你就是什么，如果不切实际，或者没有一种健康良好的心态，也不会取得成功。

当你瞄准某个项目时最好适量介入，以较少的投资来了解认识市场，等到自认为有把握时再大量投入，放手一搏。不要嫌投入太少、利润太小。“船小好调头”，即使出现失误，也有挽回的机会。

初次创业，放低自己的姿态很重要，脚踏实地地一步步来，从项目的选择到定位，再到具体操作，都要进行一系列的考察和规划，并且要符合自己的能力和实际情况。选准创业项目，把握好经营方法，具备创业者应有的心态，小本经营才可以以小博大，成就大事业。

下面是5种可供参考选择的创业类型。

第1种类型：摊贩型创业

大家对摊贩型创业经营模式一定不会陌生，这类创业者一般出没在一些人群聚集的地方，如夜市、风景区、车站等等。主要类型有两种：一种是以摊车的形式出现，所售商品以餐饮为主，如烧鸡、熟肉杂食、早点等；另一种则是用大布巾或大箱子，将商品摆在地上或特定的地方陈列出售，商品包罗万象，衣服、发饰、眼镜、皮具等等都有。

如果你要加入摊贩的行列，耳聪目明、身手敏捷是必备的条件，加上口吐莲花的本事，相信业绩不错。不过摊贩经营相当耗费体力，而且要注意流行性。因此，除非所卖商品以本人手工生产为主，否则从事摊贩这行业，还是身强体壮的年轻人比较适合。

第2种类型：居家型创业

居家创业最主要的特色就是以家为工作地点，所以店面的租金费用就省下来了。只要5万元就可以在家创业的行业主要有家政、图纸设计、课辅、才艺班等。这种创业方式最主要的限制就是一定要有足够的专业能力或技术，如从事文字翻译者，其外语能力一定要好。

但此种创业类型也有弊端，因为工作地点在自己家中，所以不会有人监督，也不易和人比较，因此对于本身的惰性要有足够的克制力，以免耽误工作。

居家型的创业者需要自己去开拓客户，随时都会有碰壁或断炊的情形出现，所以还必须要有积极乐观的态度。

第3种类型：业务型创业

这一类型的创业方式一般都是加盟或代理。跟在公司上班一样，虽然所卖商品不是自己批发或制作，但是客户的来源却是创业者自己可以掌握的。

如果你选此种模式创业，最重要的就是要注重服务质量，因为你很难掌控商品的品质，相对而言，服务品质就显得尤为重要。只有提升服务的附加值，才能吸引新客户，并让客户产生信赖感，建立忠诚度。

同时，为了吸引大量的客户，你还必须不怕生、善于沟通，并多参加一些团体活动来扩大人脉。

第4种类型：网络开店型创业

这已经是目前创业的一个流行趋势，越来越多的创业者开始注重网络营销。网络开店主要有网络拍卖、网络店铺两种，此类创业方式除了需要对计算机、网络运用有基本的认识之外，贩卖的商品也要具有独特性和吸引力。

对时尚具有敏感度的青年女性和家庭主妇都可以选择在网络上开一家自己的店铺。目前女性服装、女性用品及儿童用品在网络上销售成绩最好，但也过于热门，建议发展一些特色产品以吸引消费者。

第5种类型：专业型创业

此类型的创业主要以专卖店的形式出现。现在市场上很多货品到处都有，但是专业性强的店面绝对更加有优势。它的专业货品种类齐全，氛围强，经营方向单一而深入，因此更能让目标消费者找到。

我们看一下大街小巷，生意做好的一般是理发店，其次是专卖店，然后才是杂货店。其实从经营角度来看，理发店是比较成熟的专业服务店，他们的服务和经营是非常注重氛围和专业的，所以越是看上去档次不错的理发店，生意越好，这就说明不是缺少消费力，而是经营者不够专业。

5.汇总你手里的所有资源

如今，想创业当老板的人越来越多，如何才能在千万创业大军中成功经营自己的事业，这是每一个想要成功创业的人不断思考的问题。

有专家指出：在自身的经济、行业、知识、科技、人际、信息等方面有足够的资源，这是创业的起点也是创业成功的关键。

创业并不难，难的是如何创业成功。据权威部门统计，个人创业真正成功的几率还不到15%，60%处于不盈利不亏本的消耗人生、磨炼自己的状态，有25%是彻底做不下去，宣告失败。

面对这样的统计结果，还是“零”成本的你又该如何做呢？经济方面已然是个弱势，不妨汇总一下你手里的所有资源并进行整合，看看哪些将成为助你创业成功的优势资源吧。

自己的技术资源

20世纪90年代初，国家开始大力鼓励个人创业。于是，一大批有着专

业技术的人员从稳定的技术岗位走上创业之路，这一情况尤其出现在沿海城市。

一时间，很多中小企业风起云涌：建筑人才创办了装潢公司、建筑设计公司；律师创办了律师事务所；财务人员就创办财务事务所；服装师就开服装店；下岗警察就创办私人侦探社；厨师就开餐饮店；甚至一些下岗工人做保姆时间长了，也干脆开起了家政公司……

在创业初期，创业技术是最关键的资源，它是决定所需创业资本的大小、创业产品的市场竞争力和获利能力的根本因素。

但是，此种资源有一个明显的特征：一般新型的技术人员创业成功率比较高，技术越是普及程度越高创业成功率就越低。比如，在20世纪90年代初开广告公司的基本个个成功，就是因为那时候广告技术刚刚兴起，而市场的需求却是远远高于市场的供应。而现在步入广告行业的新企业，成功率还不到20%。类似的行业，如房产行业、建筑行业、网络行业、餐饮行业、服装行业、职业中介行业等等也都是如此。

所以，现在在这些热门行业有一技之长的你要想创业，就要认真地考量一下自己的其他资源，只有在资源拥有多元化的优势情况下才有成功的创业机会。

自己的知识资源

知识资源即行业经验，是专家最为推崇的一种资源。在大学教授、培训教师、记者、演员、作家创业者中，绝大部分是因自己的行业经验走向创业成功的。因为他们在一个行业内长期工作后，对于行业发展趋势、消

费者特征、竞争者实力对比、上下游企业特点等都有比较清楚的认识。

比如，有一些大学教授、培训师是凭借自己的专业知识及行业里的地位和影响力，成功地走向职业培训业的创业道路，陈安之就是个很好的例子。成龙、周星驰等人也是在自己大半生的演艺生涯中，成功地步入了导演的创业道路。

当然，也有很多人的创业事业走向失败，比如，在演艺圈子里，有不少人倚仗自己充裕的资金开创了餐饮公司，虽然名气在很大程度上起到了招揽客户的作用，但因为与自己的知识圈跨越太大，不能有效管理，导致血本无归。

因此在创业之前，你不妨先整合自己的知识资源，看看自己的优势在哪里，建议最好不要做跨度太大的跨行创业，否则，到一个自己完全陌生的行业里去，难免遭遇失败。

自己的科技资源

科技意味着创新，科技资源是以一种市场上从未有过的新产品（服务），或者是有着革命性突破的新产品（服务），顺应时代、行业的发展的一种资源形式，具有巨大的竞争优势。比较典型的主要依靠科技类资源取得创业成功的有北大方正的王选，还有雅虎的杨致远，前者有汉字照排系统，后者是搜索技术。比尔·盖茨和操作系统亦是如此。

那么科技资源怎样获取呢？一般途径有三：一是创业者本人即是技术专家、专利拥有者；二是创业者购买技术；三是创业者吸纳有技术特长的人加入团队。你可以根据自身条件获取此种资源。

自己的人际资源

掌握此种资源的个人创业者成功率一般比较高，而且比较轻松；据统计，所谓的“暴发户”绝大部分都属于这类圈子创业成功的案例。有很多人利用自己的家族地位、各种关系的优势，结合自己的其他资源创业而最终走向成功。人际资源的获取前文已经讲述，这里不再多说。

需要注意的是，一定要整合健康的人脉资源，以自身的人格魅力来积聚，酒肉、投机、侥幸得来的朋友不会长久，而且你自身的素质、人格、品质也需要不断提升。

自己的信息资源

从工业化时代走向信息时代，随着信息技术的发展，信息与日常生活、工作越来越密不可分。最直接的体现就是信息量陡然增大，信息流转加快，但也同时带来了一个问题，就是信息爆炸，各种信息充斥我们周围。创业者如何在最有效的时间内获得最有效的内、外部信息，抓住成功创业的机遇，往往成了一个难题。

对创业者而言，信息是不对称的，所以你必须了解和分析包括竞争对手、政府、行业、合作伙伴、客户等在内的周边环境的变化信息，才能做到“知己知彼，百战不殆”，才能做到“有的放矢”，集中精力、财力、人力，抓住转瞬即逝的成功机遇。

对于信息资源，整合当然包含管理的内涵，既要整合、管理好外部资源，抓住好的发展机遇；又要整合、管理好内部信息资源，进行信息资源的规划。信息资源规划具体来说是指通过建立信息资源管理基础标准，根

据需求分析建立集成化信息系统的功能模型、数据模型和系统体系结构模型，然后实施通信计算机网络工程、数据库工程和应用软件工程的一个系统化的信息解决方案，以便高质量、高效率地建立高水平的现代信息网络，实现信息化建设的跨越式发展。

总之，资源是创业必不可少的关键元素，你所具备的整合资源能力的大小，基本上决定了你创业的成败。

6.培养自己发现资源的敏锐眼光

资源整合是一项复杂的系统工程，善于发现、巧妙利用资源是其前提。

法国雕塑大师罗丹说：“对于我们的眼睛而言,这个世界从来不是少了美丽，而是少了发现。” 苏东坡诗云：“横看成岭侧成峰，远近高低各不同。不识庐山真面目，只缘身在此山中。”这也是讲善于发现的道理。

创业资源也是如此。实际上，资源无处不在，资源就在我们身边，只是还有待我们去发现和运用。有资源而不能发现，等于没有资源。善于发现资源并能够有效利用，才会将资源变成手中的财富。

希尔顿酒店一家连锁店的大厅里有一根立柱，酒店的管理人员经常在大厅里来回走过，已对它司空见惯，谁也没有看到它的价值。

有一次，希尔顿从这家连锁店的大厅里走过，突然奇怪地折了回来，在大厅里来回走了几圈。

酒店的管理人员顿时忐忑不安，不知道希尔顿又发现了什么问题。

希尔顿在大厅里的一根很大的立柱边停下来，绕着立柱前前后后观察了好一阵子，然后立即吩咐管理人员对立柱进行改造。

一个星期后，这根立柱变成一个透明亮丽的橱窗，希尔顿很快把它租给了一个珠宝商。希尔顿不仅每年赚取了10万美金的租金，还把它变成了酒店的一个亮点，有效地提升了酒店的品位。

这个事例告诉我们：世界上没有唾手可得的财富，但财富就在我们的身边，就看你有没有发现可供生财的资源，是否具有挖掘资源，将其变财富的敏锐眼光。

那么，怎样才能培养自己发现资源的敏锐眼光呢？科学研究证明：人的潜意识是资源发现敏感性的策源地，是养成良好习惯的策源地。而进行自我暗示是培养敏锐眼光的有效方法，它是一种沟通的媒介，其实就是一种自我控制。自我暗示可以根据自我意愿在潜意识下挖掘资源的意念，使它在潜意识中茁壮成长。

潜意识通过自我暗示所发挥出来的无穷力量是不可思议的，世上许多所谓的奇迹或灵感都是通过自我暗示的方式而产生的。许多获得非凡成就的创业者都是因为懂得如何善用自我暗示及潜意识的力量才能得以成功的。你若想要达成你的愿望或目标，便不可不知如何运用潜意识的力量。

在创业之初，拟订一套尽可能详细的计划是首要任务，但更重要的是必须马上展开行动。然而，在展开行动前，必须先让你的潜意识接收并了解你的目标是什么，也就是说你必须先在心中清楚地描绘出已经达成目标的景象。如此，潜意识才会开始为达成目标而运作，它会告诉你该去做

哪些事，而告知你的方式是“灵感”，当你自我暗示后头脑中闪现“灵感”，你只要原原本本地接受，并且片刻不缓去实行它就行了。

通常情况下，要刺激潜意识产生“灵感”，可以采取以下几个步骤：

第一步，写下你自我暗示的内容，比如你想通过创业，在明年12月31日前达到拥有100万元银行存款的目标，那么你的自我暗示语录大致应该如下：

我在2011年12月31日前会赚到100万元，这笔钱是我在一年时间内一点一滴累积下来的。为达到100万元的目标，我有全力以赴的决心，我有坚毅不可动摇的信念，我现在就能清楚地看到并感觉到这100万元在我手中的情景。

这笔财富已经在我面前等着我，但我必须采取行动，潜意识一定会给我所有需要的资源和步骤，当灵感及机会来临时，我一定按照潜意识的指示，立即展开行动。

第二步，闭上眼睛大声朗读或者默默诵念一些内容，如发掘资源的重要性，关于发掘资源的方法和有关知识。让发掘资源的紧迫感和有关方法技巧在大脑中打下深深的烙印，同时想象自己完全有这种能力。

第三步，利用一段时间早晚重复这一过程，并在墙壁、浴室、桌子等任何你看得到的地方贴上这个暗示，使它如影随形、随时随地刺激你的潜意识，直到你一闭上眼睛，就浮现出发现资源的一系列影像。

第四步，温故知新，经常对发展资源的重要性、方法和知识进行温习，直到熟记于心。

你若能拿出极大的热情和耐力去实践这四个步骤，就会真正体验到自我暗示的神奇力量。《圣经》上说："只要相信，你便可以得到。"这并非妄语。因为你一旦将发现资源的思维敏锐性和科学的思维方式变成思维的一个重要习惯，你就能够豪不费力地发现大量与创业有关的资源。

当然，你还要围绕自己的创业目标，结合创业实际，不断进行资源发掘的实践。比如运用发掘信息资源的知识和方法，不断研究和发现信息资源，然后用于自己的创业决策。再比如运用人脉学的有关知识作指导，进行积极的人脉积累、发展和使用，养成发现人脉的敏锐眼光。

另外，利用潜意识培养发现资源的敏锐性，还必须学习和掌握现代化的创业资源获取方法。你可以利用网上搜索、信息浏览、资料查询、市场调研等手段汇集各种信息，然后运用定量和定性相结合的方法进行分析。通过去粗取精、去伪存真、由此及彼、由表及里的分析，发现揭示本质的东西，以鉴别可供生财的资源。有了敏锐的眼光，坚持科学的创业资源获取程序，不仅可以提高获取生财资源的敏感性，还有利于从中意识到资源的潜在价值，从而使你发现别人发现不了的商机，也才会使白手起家成为可能。

7.把握消费需求趋势

想要创业，但没有雄厚的资金做后盾，就必须以一种新的方式来考察和介入市场。随时留意市场动向，准确把握消费者的需求趋势，才会使无本创业成为可能。

星巴克做到今天家喻户晓的程度，真可谓一个奇迹。星巴克创建于美国西雅图，那里一直寒冷、多云、潮湿，人们手里拿一杯咖啡也许是加快血液循环的唯一方式。

这家公司是怎样做大的呢？靠质量？当然是一方面。但是，还有其他一些重要原因，比如：

许多年轻人愿意多花钱来寻找适合自己的场所；

关于饮酒的法律法规比较苛刻，对喝醉酒的处罚越来越重；

小型企业老板正在寻找工作与会面的场所；

公司员工正在寻找能够安静工作，在远离办公室的地方会见某人，

或者只是一个喝杯可口咖啡的地方；

学生们正在寻找能够学习，比图书馆更安静、更舒适的场所；

家庭主妇正在寻找一种不必花35美元吃午餐就能聚会的场所；等等。

星巴克咖啡馆在一天中就能满足这些不同的消费者的需求。位于这么多有利趋势的交叉口，星巴克怎么可能做不大呢！

找到消费者需求的趋势，就是找到了可供创业事业发展的市场。现在虽是一个瞬息万变的时代，一切事物看似都是那么不确定，让人难以预料，但是仍然会有一些长期存在并正在显现的趋势。这些趋势与人口统计、人们生活习惯和生活方式的变化是紧密相连的。趋势可谓无处不在。一些趋势明显，另外一些则不那么明显，我们需要随时留意现在正在发生什么以及为什么发生。观察一下，市场中现在似乎出现了一种什么趋势，并且有哪些人已经从中赚钱。然后，你可以抓住时机，利用一两种或者几种趋势发展自己的市场，从中受益。

消费需求趋势与哪些因素有关呢?

1.市场趋势

市场趋势是指为适应生活方式、人口变动及其他许多因素的变化，人们的习惯、偏好或嗜好的一种内在演变或改变。

例如，在前面的例子中，由于可支配收入的增加、公众对酒精消费厌

恶感的增加、驾驶人员的增加、高消费阶层与欧洲艺术鉴赏家的增加、个人创业者及家族企业的增加，星巴克公司有效地占领了美味咖啡的市场。因为星巴克在合适的时间有效地提供了合适的产品，就有了这样一个成功的故事。机会可能一直都在那里，但是这种趋势把机会变成了可识别的、可行的及成长的市场。

2.生活方式转变

这是一个大趋势。有人可能会说，星巴克现象反映了生活方式的变化。在这里，咖啡厅不仅用咖啡取代了酒精，而且成为大众约会的场所、社交的场所以及谈生意的地方。生活方式的变化是较大的，比趋势还持久，并且很多变化都是作为新兴市场出现的。

3.革命

这是市场中偶然发生的大变动，它往往是由技术的进步或某个重要历史事件引起的。市场以“跃进”的方式变化，并且能够创造出很多新的机会。在20世纪80年代早期，光盘出现了，从而永远改变了音乐的销售方式，这样就为便携式CD唱机、“珠宝盒”制造商、邮购经销商和音乐收藏经销商提供了很多机会。

消费需求趋势与以上几个因素息息相关，只有了解并及时掌握上述信息的发展变化，才能把握趋势，找到适合自己的创业机会。下面介绍一些目前我国出现的具体的新消费趋势，可以为你创业提供参考。

1.新健康消费崛起

受到苏丹红、三聚氰胺、H1N1等影响，消费者对于健康的关注度急

剧提高，对于天然、环保概念的产品越来越偏爱，随之为健康环保的产品带来更多的市场机会。

2.男性美丽风尚兴起

近年来，男性化妆品市场快速发展，现在男性时尚已经从过去的汽车、IT等力量型市场开始转向男性外表和美丽时尚。

3.回归自然成为消费者的新诉求

现代人都市生活过久了，就开始转向崇尚新自然主义。他们想要远离喧嚣，渴望自然，并积极亲近大自然。外出旅游接触自然成为越来越多富裕阶层的消费行为，大自然给商家开辟了一个新的消费市场，因为它越来越成为旅游、冒险、探索、运动的理想场所。

4.速度消费持续发展

中国消费社会目前处于一个速活时代，追求效率和速度、缺乏足够的耐性是消费者的新表现，因此速食食品、快餐店、便利店、网络购物、信用卡、购物卡等消费仍然得到非常高的认可。

5.全民娱乐成为时代主题

随着经济的发展，中国人的娱乐形态越来越多元化，“自娱自乐”与“看人娱乐”成为典型的娱乐特征，创建新型娱乐平台并将消费者卷入娱乐活动中，不失为一种新的市场契机。

总之，越是在不确定的年代，预见未来的消费需求趋势就越加重要，而从海量的消费行为数据中看出端倪、洞察商机，才是正确的创业之道。

8.市场空白处蕴藏巨大商机

世界船王奥纳西斯说：“到别人认为是冷门的地方，你会赚到数不清的钱。”在市场竞争中，谁最早发现市场空点，抢先钻进空点，谁就可以占领空点市场，做独家生意，得先机之利，掌握争夺顾客的主动权。市场空隙大有可为，白手创业也不会是空谈。

有这样一个故事：有两个商人到某地收购茶叶，因茶叶走俏，商人甲便抢先一步，把当地的茶叶尽收囊中；商人乙失望之余并没有气馁，灵机一动，就把当地的茶篓购买一空。结果，商人甲不得不用高于平时数倍的价格，从商人乙手中购买茶篓来装运茶叶。商人乙的成功之道就是“钻空子”，行别人所未行，想别人所未想，寻找别人的疏忽之处，从而填补市场的空缺。钻空子是在遵守市场游戏规则的前提下决胜竞争场的诀窍。掌握了这个诀窍，你就会拥有市场，就会在市场操作中得心应手、游刃有余。

我国首家科教民营连锁图书馆创始人潘跃勇就是因为“钻空子”，从一个靠摆书摊糊口的下岗职工做到在全国十几个省市拥有20多家连锁图书馆的

董事长。

潘跃勇最开始办书摊的资金是从病中父亲手里拿来的3000元钱，这是家里仅有的一笔钱，但一个月下来，竟亏了1000元。

想再进书吧，没有资金。潘跃勇就到亲戚朋友那淘来旧书，全部摆在书店，以2～8元的低价销售，没想到，旧书一下子畅销起来。

钻了旧书市场的空子，潘跃勇看到了商机。于是，他到全市各家各户上门收购旧书，专挑那些出版不久而又价格低廉的学生读物。这种定位策略使他的书店门庭若市，他很快赚到了第一桶金。

一个偶然的机会，一位母亲不经意的一句话又让他悟到了新商机。这位母亲对街上的网吧很忧虑，担心孩子周末出来学坏，希望能有一个供孩子阅览课外书的休闲好地方。这位母亲的话使潘跃勇豁然开朗。于是马上行动，以母亲的房产证作抵押，从银行贷了30万元，将自己的小书店改造成一个私人图书馆，既卖书又展开图书馆业务，开张后生意十分火爆。通过售书、办证收费、给学校配书等业务，他使自己的事业得到新发展。

后来，潘跃勇获悉北京市人大通过《北京市图书馆管理条例》，鼓励自然人、法人和其他组织兴办图书馆。潘跃勇敏锐地意识到这是一次难得的机遇，于是挥师北上，将图书馆总部搬到了北京，在北京石景山区建立了中国第一家民营图书馆。他把这家图书馆建得舒适、温馨，成为集借阅、零售、休闲阅读、信息服务、教育培训和出版策划于一体的多功能平台，使其成为社区居民精神文化消费的重要舞台。

之后，潘跃勇又以首都这个制高点为根据地，在全国各地连续建立了十几家连锁图书馆，很快形成了现代化的经营管理模式与传统文化产业相嫁接的图书馆业集团。

潘跃勇能够白手起家并在图书馆业迅速发展起来，其中很关键的一步是他抓住了北京市政府鼓励、支持民营资本进入图书馆业这个空白市场，钻了政策的“空子”，从而使自己的事业获得了巨大的发展。

挖掘市场空点并不都是偶然事件或者随随便便就可以获得的，想要发现创业契机，就必须对你的潜在市场（空点市场）有所了解，其实这也是一个锻炼感官和智力的创造性过程。

那么，利用哪些方法可以挖掘到市场空点呢？

1.观察

仔细观察日常生活中发生的事情，随时留意社会制度、基础建设、商业规则等重要信息，可能会发现一些存在的市场空点。

有一个成功的温州商人把每天看CCTV-1《新闻联播》列为毫无借口、坚决执行的军规。他认为，要想把握经济命脉，必须关注政局，新闻联播图文并茂、有声有色，是中国商人的最佳晴雨表。他说：“你可以不看财经报道，也可以不看焦点访谈，如果你不是做石油和外汇的，甚至你都可以不去管“9·11事件”和中东局势。但是新闻联播一定要关注，因为它指导着你下一步的投资方向。”

2.询问

在观察的同时，你还可以询问，这里的“询问”可以扩展到各种场合。乘飞机或公共汽车时，询问你同乘的人；在餐馆里，询问你身边的邻桌人；询问你的朋友、邻居和亲戚，看看他们有什么好的建议，但他们的想法也可能存有偏见，你应该有自己的判断力。询问还可以通过电子邮件进行。到人流较集中的场所去看看，市场空点可能就在那里。

3.去市场

想要发现市场空点，就必须对市场有所了解。假设你有为老年人提供一种产品的想法，又苦于找不到市场契机，那不如就到他们所在的地方去。如果你所在的地区有“活跃的老年人”居民区，那么就到那里去。到俱乐部集会和其他有组织的集会上去，要找人谈话，或者主持一个讨论会。你要事先明白自己在努力寻找什么。你也可以在你想要开拓的市场中的其他企业徘徊，看看究竟发生了什么，看看这些企业是怎样做的，并找一些员工和客户交谈。

4.网上搜索

互联网是另一种提供市场空白的巨大资源。从某种意义上讲，互联网是倾听的另一种形式，它是媒体和电子商务场所，能够为你寻找市场空白点提供线索。在互联网上利用一两个关键词进行搜索，就会出现一大堆有关你想要寻找的市场空白点的资料。

9.你应该具备的创业能力

如果你对一个专业不懂就进行相关方面的创业，失败的可能性会很大。当你白手起家或资金有限的时候，一个重要的前提就是：你必须是你创业的这个领域内的行家，是一个能够控制专业局面的人。一个人在成长过程中应该不断否定自己的过去。只有让自己与时俱进，具备更多更强的能力，才会有更大的发展空间。

这里总结几点比较务实的标准为你提供参考，如果对于自己是否适合创业还把握不准，以下标准恰好给你很好的参考，你可以参照着给自己打分，看你是否具备创业的潜力素质。

1.目标能力（20分）

首先，你要问自己这样一系列问题：为什么要创业?你有什么样的目标?想把它做成什么样的状态?等等。我们不是为了创业而创业，而是为了做好一件事情，做大一件事情，并且前提是你在进行自我评估后发现这是有可能

实现的，这个时候你才能够开始创业。

如果说你都没有目标，只是一时的冲动，只是觉得你应该去干点什么，并且对所干的事情又没有太多的热情，那创业就只不过是一种风气，而不是现实，你也不一定能做成大的事情。

比如，新东方学校校长俞洪敏，在做新东方伊始，就有一个非常明确的目标。那个时候他从北京大学辞去大学老师的工作，出来做培训机构，他希望自己能做成一个真正有意义的培训机构，也正是由于有这个目标，新东方的培训事业才蒸蒸日上、不断前进。随着培训的开展，新东方的目标也在不断改变，从最初做一个学校变成想在全国各地开设新东方学校，到后来成了美国上市公司。目标是上升的，但基础是不会变的，俞洪敏最初做新东方的基础就是想做成一个有品牌、有品位、为学生的前途负责、让学生喜欢的培训学校，从本质上来说，新东方到今天依然是这样的。

目标能力对创业来说非常重要，你全心全意热爱这个目标也非常重要。除此之外，你需要注意的一个问题是：你的这个目标一定是能够做大的，而不仅仅是为了自娱自乐。比如说你喜欢书法，就一下子去创立一个书法公司，这不太容易。

2.果断的能力（20分）

果断的能力也就是执行的能力。对于今天的创业者来说，创业不能像发射太空飞船那样，等每一个任务细节都准备妥当才开始行动，创业必须以执行为王。

有一个年轻人想利用工作之余做点生意。在众人的参谋下，他先是看上

了国内某品牌化妆品的独家区域代理。接下来，他进行市场调查、目标顾客的需求分析、前景及风险预测，和厂家接触谈判，计划日后的市场具体运作等等，可谓周详，但这些花去了几个月的时间。

正在犹豫中，他在本市最大也是最有影响力的商厦里发现了不愿看到的一幕：在一楼大厅的显著位置竟设立了该品牌的专柜！经打听，早在一个月前，就有人捷足先登了。

在我们身边有不少类似的创业者，他们有了创业梦想，不是立即着手去做，而是将事前的每一个细节都要做好，以求“万事俱备”。这种人看似“一直在努力”，其实，他们不知道自己真正该忙的是什么，更不懂得创业失败的原因大都是不能果断采取行动，而并不在于计划本身，结果“磨刀”却误了“砍柴功”。

3.算计的能力（20分）

算计能力是生意人最基本的能力。算计能力不仅仅是计算的能力，一个计算机或数学博士往往在商场上还不如一个没有文化但有经验的生意人会算计，这是非常正常的。这种能力与文化素质、数学能力的关联并不十分紧密，因为它包括算计时间成本、算计等候机会的成本、算计生产管理成本、算计不同人群等等。

有这样一个故事：有个年轻人给一个刚刚起步做县级房地产生意的小建筑包工头做房地产策划，做市场调查时碰到一个小学没有毕业的修车老板，老板要买他策划地盘的1/16的商业用地，并要他当场报价。本来从一个长方形土地切两个相连的小长方形土地，是一个连初中生都会算的简单

的数学题，但每条边的价值不一样，临街与不临街的土地价值不一样，十字路口的土地价值又不一样，各种转让费用要考虑，对整个房地产项目的利弊也要考虑。

简单的计算题一下子复杂起来。年轻人和他的合作伙伴这两个大学生花了整整一天时间研究，才算出报价来。他们打电话向老板请示，老板沉吟一下，给出了一个最合理但最生意化的算法，就报出合理的价格，而且考虑到税、公关成本等很多因素，与修车老板、年轻人的报价大相一致。两年后，这个包工头成为江西房地产界的亿万富翁，那个修车的也成为江西余干县最大汽车修配厂的千万身价的老板。

算计能力对创业者来说很重要。一个不会算计、不愿算计、不能算计的人，还是不要去创业做生意了。

4.钻营的能力（20分）

从一定程度来说，钻营的能力，比算计的能力更能让一个人做生意赚钱，甚至有时一个人具备单一但非凡的钻营能力素质，即使其他能力相对弱些，也会取得成功。

刘华是一家保健品公司的部门经理，公司被收购后，他辞职出来创业，在保健品竞争激烈的市场却取得了一系列的成功。认识他的人都说，他这个人钻营能力太强了，做生意不成功是不可能的。比如他做药品代理，他能钻营到任何普药拿到他面前，他掂量掂量就能知道是什么成分做的，每克成本是多少，盒子是什么纸印刷的，成本是多少，中国有多少厂家生产这种药，每个厂家经营状况如何。他的这种本事正是得益于他的

“钻营能力”。他的办公室后面有床，他一天到晚就钻营研究自己生意上的事，并乐此不彼。

有一次，他要印刷海报做宣传，2000元行价的印刷费，他不厌其烦地找了10家印刷厂报价，最后将价格压低到1500元。而且每一家印刷厂的专业人员来谈，都只能在他面前做印刷知识的学生，他为了压低宣传成本，已经将印刷的每一个环节都钻营研究透了。

要知道，做生意时节约的每一分钱都是利润。所以一定要提高自己钻营的能力，深深钻营才行。

5.创新的能力（10分）

消费者大多喜新厌旧，新产品能否打开市场，关键在于有没有新意。而年轻人的特点就是充满朝气和标新立异，在产品创新中应该具有一定的优势。杰里米冰激凌公司的创始人克劳斯提醒打算创业的年轻人：“要成为行业中的创新者，而不是一成不变的模仿者。”

21岁的萨缪尔·科恩、23岁的杰里米·克劳斯和22岁的托马斯·希尔顿，这三位宾夕法尼亚大学的学生有一个共同点：讨厌一成不变的生活，喜欢在创新中发现乐趣。他们用可乐、色拉等原料混合而成的怪味冰激凌在宿舍楼里大受欢迎，于是，三人凑了6万美元，合伙开了杰里米冰激凌公司。经过市场调查，他们发现，冰激凌的口味已经20年没有变化了，这为其创业提供了一个很好的空间。他们采纳了啤酒商的建议，使用啤酒酿造技术来制作口味奇特的冰激凌，新产品上市后供不应求，当年销售额就达到100万美元。这家小公司也因此很快吸引到风险投资，今年销售额已

达到500万美元。

6.折腾的能力（10分）

成功的创业者都不会是一次创业就成功的，一般都是经历几次失败后才会发达起来，因为创业能力是不可能从书本上学习的，很多时候需要自己去经历、体验，经验是非常重要的。有人说：一个普通人经过两次失败后，才会知道创业是怎么回事，这话并非全无道理。

禁得起“折腾”就是一种能力。

中国著名的创业家、原美媛春公司老板陈居庚先生就是这样一个能禁得起“折腾”的人。他把一个县级企业美媛春做到3个亿规模之后，卖给银海集团；后来再创办美媛春化妆品，再卖给恒安集团；再代表润都集团收购美媛春，并出任总经理，三进三出一个企业。

一个创业的生意人就是要会“折腾”、善于“折腾”，即使在一些好的情况下，也要主动“折腾”一下。如果你禁不起到处借钱、四处被人追债，禁不起失败后的绝望与坚持忍耐，你也不要去创业经商。只有善于折腾的人才能最终从生意中赚钱。

第三章 哪只狼可以套?

很多人想要创业，却总感觉无从下手。无论是书刊、报纸，还是网络、电视，无不充斥着各种各样的创业信息广告，让人眼光缭乱，到底哪只狼才是你可以套的呢?

1.中国众多产业还存在巨大的空间

自古以来，白手起家最难，但却是英雄出处，往往也最让人羡慕、敬仰。目前，中国的众多行业里还存在巨大的发展空间，如果你能看准行情，适时进入，很有可能成为白手起家的英雄。

中国是农业大国，如果要问中国最具潜力和未来最赚钱的行业是什么，很多国内外投资大师都会首推农牧及相关产业。

据央视和《福布斯》杂志调查：农业已成为利润最高的行业，也是盛产巨头的行业，新希望、汇源、蒙牛、伊利、华农、双汇、鲁花等一批中国企业的“老大”都出自此行业。

中国社科院财贸所所长裴长洪说：“当前最好的投资领域就是农业和矿产。”农业作为第一产业，与人们生活密切相关，其重要性不容置疑。特别是2008年国家再次将扶持农业为主的政策以1号文件出台，显示了本届政府对农业的重视，更是给长期低迷的农业带来了春的生机，给投资农业创造了无限商机。

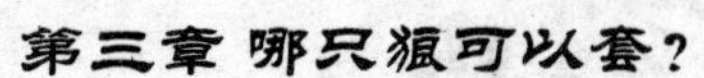

投资大师罗杰斯预言：在中国，农业将会有巨大的上涨空间。中国"三农"10年之内将成为最大的发展机会，对于创业者更是一个机会，一些创业高手正在创造奇迹。

所谓"将相本无种"、"英雄不问出处"，在希望的田野上，吹响农业创业的集结号，赢在农业就会赢在中国。除此之外，中国还有哪些行业同样存在着巨大的创业空间呢？

1.传媒和出版等产业的振兴和改革都在悄悄地进行，这些变化将催生更多的商机。2009年，文化部副部长欧阳坚向媒体表示："从2009年1月份以来，文化产业一枝独秀，月均增幅达17%。金融危机为我国文化产业发展带来了契机。正因为文化产业具有反经济周期的特点，所以在经济危机下，文化产业没有受到很大的影响，反倒迎来了它难得的新发展机遇。"

2.随着人们生活水平的逐年提高，重装饰、轻装修的时代已经到来。越来越多的家庭意识到装饰建材对居家的危害，所以与家居相关的软装潢、装饰行业则愈发突显商机，家居用品业已成为发展潜力巨大的朝阳产业。

3.医疗保健作为健康产业，已愈来愈被商家看好，这也是一个朝阳产业，具体可以分为药品、医疗、保健品等门类。但国家对此行业的限制和要求也越来越严。操作此行业时，必须要有专业人士或资深人士进行全程指导。作为白手起家者，可以更多地从服务方面去入手。

4.城市化进程使服务业成为创业的下一个机会点，正如21世纪教育发展研究院副院长熊丙奇所说："吸收、容纳大学生最多的领域应该是服务业。"因为服务业不是资源依赖型的产业，也不是资本密集型产业，因此对

于白手起家的创业者无疑是起步的较好选择。

5.教育领域的空间巨大，也是未来的朝阳产业。各地针对不同年龄段学生的教育培训机构越来越多，补习班、艺术班、速成班、培训班……五花八门，有需求就会有市场，况且现在的学生的个性化需求越来越多。

6.2000年之后，快速发展的网络零售领域似乎让人们看到另一些创业的商机，由于中国互联网的发展和世界几乎是同步的，因此这个行业目前最具备国际化的条件。我们身边的例证就是淘宝网，经过短短几年的发展，它的营业额已经超过千亿元，这种零售规模远远超出我们传统思维的想象力。网络创业不仅有庞大的市场空间，而且是投入最少、风险最低的创业模式，如今已经成为许多草根创业者的起步首选。

此外，在未来10年，连锁加盟、环保产业、新能源、物流、生物制药等行业都将给中国的创业者带来新的机会，中国的创业者无疑将迎来机会最丰富、产业发展最快速的黄金时代。

2.网络是你的套狼工具

中国正在迈向一个全面的网络社会。网络不再是虚拟的生活体验，而是如同水与空气，成为我们日常生活不可或缺的一部分。

中国互联网信息中心公布最新统计数据：中国网民2009年12月底估计突破4亿。目前利用网络进行创业，已成为一种具有勃勃生机的创业形式。有资料表明：2001年，中国有1065万人曾经在网络上购买商品，占中国网民总数的31.6%，这个比例和互联网发达国家网民中个人电子商务用户所占的比例已经十分接近。2003年我国的网上交易额达到2040亿元，比2002年上升190%。可见，短短几年，“网上创业”这种独特的模式就已从小打小闹发展到大张旗鼓。

相对于传统的经营模式，网上创业有着独特的优势，如成本低、时效高、风险低、人员组成简单、方式灵活等。

据2001年中国中小企业情况调查显示，个人在网下启动销售公司的平

均费用至少5万元。但在网上，成本也许只是联网的电话费，且创业者不需要租门面房和付昂贵的房租。一般网上开店的建店成本及日常维护的一年费用只需2000～3000元。

网络创业的人员组成也很简单，很多创业者初期都是白手起家，一人就包揽了所有职务。因为在初期基本上一个人就可以应付过来，不需要再为员工费用担心。

从价格优势来看，网上商店因为开店成本低，没有资金压力及库存积压，其价格比传统店铺要低得多，也就保证了订单的数量。

网络创业在营业时间、地理位置和交易距离上也不会受限制。

在营业时间上，网店不需专人看守就可以24小时营业，因此比传统店铺的店主要潇洒得多。只要每天查看BBS和电子信箱，认真处理商业信件和咨询，及时更新信息，就可以正常营业了。很多创业者都是在正常工作的同时在网上开店，一年下来也有数万元的利润。

在地理位置上，传统店铺经营业绩与店面位置及大小密切相关，而网上商店则没有这个烦恼，有条件的话可设一个样品展示点；没有的话，只要网上有照片就可以。

在交易距离上，网上商店的顾客群是所有的网民，其覆盖面为全世界，不像传统店铺那样受辐射半径的影响。

网络创业虽然占据这么多优势，但是如果不能很好经营，也会导致创业失败。下面几点是需要创业者注意的。

1.在选择商品时，应尽量经营那些有特点的商品。比如性保健品就是一个不错的行业，不仅有丰厚利润空间，而且适合在网上销售，便于保护

客户购买隐私。

2.“门面”装修也很重要。应根据所经营商品的特点和客户的选购习惯，选择那些功能强大、管理便捷、页面精美的销售网站。

3.经营过程中，要随时增加新货，更新网站页面，让人有得看，不会觉得厌烦。还要学会抓住一切机会宣传自己的小店，尽可能多地在其他论坛上发言，多发好文章，让别人对你有印象（签名一定不要忘了）；把自己开店铺的事情告诉你认识的所有朋友，通过口碑的力量宣传；到一定的时间，有了些感想的时候，可以写心情故事，放在平台的首页里推荐，知名度又会增加许多。

4.当店铺开了一阵子后，可以私下和别人联系，交换友情链接。大家通过交换链接，可以形成一个小的网络，增进彼此的影响力。

5.还有要保证充足的上网时间，及时回答买家对你商品的提问。更为重要的是诚信，不管是买东西，还是卖东西。诚信才是推动电子商务发展的基础。

其实除了开网店，在广大的互联网世界里还潜藏着许多商机，就看你有没有善于发现的眼光。下面是一些网络创业的新招，你可作为参考。

1.现在越来越多的人从事网络工作，有时候工作很难找并且很耗时。如果你可以建立一个这样的平台，帮助那些发应聘广告的求职者找到合适的工作，你就可以收取交易佣金，或者按月收取需求信息或者联系资料的费用。

2.现在社会言论自由，尤其是很多人喜欢在网上发表自己的看法，乐于同人辩论，我们也可以看到辩论充斥着每个论坛和网站。他们几乎不受

控制，但缺乏条理、没有深度、不够确凿。一个管理良好的辩论网站一定会有市场。虽然已经有类似的网站，如Squidoo的Hey Monkey Brain, 但还有很大的发展空间。管理员提出一个辩论话题，选择正方或者反方，陈述你的理由，然后鼓励别人辩论，并控制好辩论的过程。他们有可能会支付一点点的费用来辩论，而你的收入来源主要应该是广告联盟或者其他匹配的广告。

3.目前，外包和个人虚拟秘书成为热门话题。领先的网络管家服务会有很大的市场。世界上有很多大忙人，他们可以通过邮件、短信或者语音系统向自己的网络管家提出要求，例如，“两张晚上8点的《虎胆龙威》电影票”。网络管家就忠实地按照你的指令办事，按月收取费用或者按次收取费用。

4.作为一个销售人员，把商品列出来、引起共鸣、然后迅速卖掉的做法越来越难了，一个简单的现场网络拍卖网站将会解决这些问题。现在的在线拍卖网站很多，但是很少做得和实地现场拍卖那么好。因此现场拍卖网站还有很多有待完善的地方。比如销售iPhone，你只能先为顶部的标的投标，标的只在几分钟内有效。投标是现场的并且有担保的，当顶部的标的拍卖之后，下面的标的就开始接着拍卖。你可以收取成功交易的佣金，但是必须想方设法保证所有的拍卖都是真实的，你可以要求用户在叫牌之前先注入一部分资金，或者使用别的方法。

5.域名出售是一笔大交易。在一个合理的价格上出售网站，或者通过可信的途径购买网络财产更加有利可图。比如有人有一个建好的博客要出售，就可以拿到你这里来卖，目前在网站出售市场上还没有主导者。你可

以在一个固定价格或者拍卖最低价格基础上，列出你要出售的网站的特点，包括屏幕截图、流量、PageRank值、收入状况，然后等着买家上门。你可以收取成功出售网站的佣金，或者收取每次服务的费用。

3.卖创意也可以赚钱

创意是什么？创意就是独一无二，是思维的闪电，是可以燎原的“星星之火”。创意的本质是思维层面迸发出的稍纵即逝的灵感，是解决问题的新方法以及思维的首创性，而不是简单的跟进模仿。几乎所有的财富与成就都从杰出的创意开始，网络时代，依靠卖创意也可以发家致富。

有位美国人制定了他的生意策略，4个月后，他自己对结果感到非常吃惊。他在网上卖的是关于如何利用计算机做生意的生意策划（卖点子）。他准备了一盒教学录像带，教人如何开始建立家庭式的生意，如何让自己的电脑成为每月赚4 000美元的赚钱机器。他的每个投资项目策划售价约995美元，同时他给出了500多种生意点子。

如今，他每周从网上获得成千上万的订单！

有个43岁的妇女为她姨妈向政府申请了一个免费的轮椅，她所做的

就是准备一些必要的文件和填写一些表格。她因此写了一篇如何向政府申请免费轮椅的报告。

她在网上卖她的报告（成本是2美元），后来她每月可赚3万美元！

这是两个关于依靠创意成功赚钱的例子。如果你头脑灵活，时常会有好点子在头脑中闪现，就可以足不出户在家赚钱了。但是，怎样才能衡量你的创意就是适合创业的好点子呢？这就要求你的创意必须能够细化成一个具体的创业计划，也就是说，依照你的创意制定出来的创业计划首先应该能够盈利，这也是生存发展的必要条件。创业首先要生存，在生存的基础上才能发展，如果光有创意，而不能具体细化和长期执行，尽管有时也可以凭借商机起步，或者短期内迅速发展，但只能是短跑，不可能在长跑中始终保持领先地位。

有了一个适合创业的好点子，是否就可以拿来赚钱了？当然不是。这还要看它能否引起投资家的兴趣，因此你的创意还需要满足以下几个条件：

首先，你的创意要能带来网络正反馈效应。

在网络经济中，随着市场的扩大，使用人数的增多，产品和服务的价值越来越高，信息资源在被大家共享的同时总量却在增加，这就是网络正反馈效应。如果你的创意能够带来网络正反馈效应，那么由此造成的领先优势再加上公司完美的运作和吸引顾客的能力，后来者将望尘莫及，根本无法与你匹敌，从这一点上讲它就是一个好的创意，投资家们才会对它感

兴趣。

其次，你的创意要具备适应网络发展的潜力。

网络发展日新月异。随着互联网的迅速发展，其规模、性能以及与之紧密相联的商业理念等都在发生变化。如果你的创意能适应这些变化，能经得起它们的考验，那些一贯以质论价的投资家们肯定会对你倾囊相助。相反，如果说你的创意或商业模式是一次性的，只是应一时之需而没有发展潜力，那么风险投资家们给你投资的可能性就微乎其微了。

最后，也是最重要的一点，你的创意在实施中要有自我保护的屏障。

互联网时代的公司与以前的公司相比，可以发展得很快，也可能突然间衰退。防止快速衰退的重要措施是，公司具有内在的吸引并留住顾客的手段，以及面对竞争对手时保卫自己的良方。如果你无法留住你的顾客，那么发展得再快又有什么意义呢？因此你必须制定防止顾客流失的策略，以及避免受到模仿你的经营模式的竞争者的冲击。只有尽可能地摆脱这些跟随者，才能保证你的最大利益和长远利益，也才会引起投资家们的兴趣。如果你没有竞争对手无法模仿的核心技术和知识产权，就不能够维持自己的垄断价格，其他竞争对手很容易跟进模仿，这样就会给公司发展带来很大的威胁，甚至使公司遭受惨重的损失。

例如，美国有一家胜腾网络公司，业务以汽车租赁、宾馆预订、出售低价机票为主，一时生意火爆，拥有6千万名网络会员，按一个会员每年缴费48元计算，一年就有近290亿美元的收入。不久，微软公司旗下的

Expedia公司、American航空、Tracelocityg公司先后进入这个行业，他们推出了免收会费的会员制服务，立刻使胜腾公司的6千万会员消失得无影无踪，胜腾公司迅速沦落为一个仅靠给人搬家赚几美元的小公司。

总之，只有当你的创意能够顺利落地，并实现可持续发展，拥有差异化经营的相对优势时，才能吸引投资家购买创意的兴趣，你也才能赚到钱。

4.衍生行业有利可图

现在的商业竞争越来越激烈，如何才能在动荡的市场中站稳脚跟，着实让人大费脑筋。在主流业务大行其道的今天，想要无本创业，就要避开主流业务，衍生业务不失为一个很好的选择，它是利用消费者在主流需求得到满足之后产生的衍生需求而获取利益的一种边缘行业。比如手机，消费者购买手机的主要目的是通讯，为了随时随地方便地与他人沟通。所以，强大的通讯功能和畅通的通讯服务是消费者在消费手机这项产品和服务时的首要和主要诉求。手机好不好看，只是消费者的衍生需求，根本不影响手机的性能，通讯是否畅通也不是由手机好不好看决定的。这两项功能是手机产业的主流业务，要满足消费者的这两项需求，做好这两项业务，需要巨大的投入，中小投资者根本无力承担。所以，对于中小投资者来说，选择在细分市场做支流业务，专注于消费者的个性化需求才是明智之举。农民出身的李俊峰就是在这样的形势下抓住人们对手机的衍生需求，从而开创了自己的一片天地。

无本创业

李俊峰发财前最大的愿望就是能够拥有一部自己的手机。直到2001年，他才真正拥有了第一部属于自己的手机。对于这件好不容易才奋斗到手的宝物，他总想使自己的手机有点特色，与众不同。当时有一种贴在墙上或书包上做装饰用的小贴纸，他便将这种贴纸改进，在上面打印上自己喜欢的图案，用刻刀比着手机的大小和形状，对贴纸进行“雕刻”和修改，再压上一层塑料膜，然后贴在手机上。经过他这样“改装”后的手机，视觉效果果然不错。

同事看到之后都要求他帮给自己“改装”手机，一些人甚至愿意出钱购买他的贴纸，这使李俊峰心眼一动：原来这玩意儿还可以赚钱！随着愿意出钱买他的手机贴纸的人越来越多，到2002年初，李俊峰干脆辞了职，拿出6年打工的全部积蓄——一共1.8万块钱，在北京西单的一家商场租了一小截柜台，正式做起了手机贴纸和手机美容的生意。

3年过去了，李俊峰依靠一片小小的手机贴纸，得到超过百万元的利益，不仅成立了自己的公司，还发展加盟代理，目前旗下已拥有数十家加盟代理商。现在李俊峰还开拓了手机添香、手机水晶刻印、手机镶钻等三十多种手机美容业务，生意一片红火。

李俊峰正是靠着这种手机行业的衍生产品，在短时间内创业成功。其实不仅是手机行业，很多行业都会有衍生产品，比如动漫市场上的动漫产品就具有很大的市场潜力。这几年，在中国的文化产业领域，相对于多种投资市场的疲惫和不振，动漫市场却显得一枝独秀。据统计，2004年中国动漫的经营额达数百亿元，最先投资动漫经营的人们有幸挖到了第一桶

金。有专业人士指出，国内动漫市场的需求仍在持续迅速地扩大，估计国内动画片相关产品收入大约150亿元，其中约70%由动漫衍生产品产生。动漫衍生产品的兴旺前景催生了大量动漫创业店。据行业人士透露：经营动漫店铺士，只要地点适宜，动漫衍生产品一般可获100%～300%的高额利润。

此外，诸如互联网热潮兴起后的周边衍生业务、教育热潮兴起后的周边衍生业务、汽车热兴起后的周边衍生业务等，都比较具有市场挖掘价值。目前正在兴起的是数码浪潮，包括数码相机的快速普及。拿数码相机来说，在主流业务数码相机的生产和销售、数码相片冲印外，还有很多细分市场业务需要有人去做，如数码相片的加工和修改，利用数码相片制作个人电子纪念簿、幻灯片等等。

此类衍生业务投入往往很少，操作简便，市场成熟，市场规模颇为可观，应该成为中小投资者和创业者的项目首选。但经营此业务时也有一些方面应该注意。

比如，你要依托一个成熟的行业，并且这个行业要足够大。因为行业大，做细分市场才有钱可赚；因为行业成熟度高，利用现成消费群，才可以省去开拓新市场的费用和唤醒消费者的麻烦。

在目标选择上，你应仅仅满足一部分人，而不是满足所有人的需求。拿手机来说，目前国内的手机消费者已达3亿，想要满足所有3亿消费者的愿望是愚蠢的，也是不可能的。

最后，对服务的要求要到位。换句话说，衍生需求就是可有可无的需求。此类需求更在于精神层面的需求，消费者对从业者提供的服务往往有着超高的要求。这是你在运作时需要格外注意的。

5.从传统文化中挖掘商机

中国具有绵远悠长的历史，在数千年历史沉积下的文化遗产中，有很多具有商业价值的“潜力”项目值得挖掘。社会越现代化，人们就越怀念传统文化，越向往返璞归真，这几乎是人类无法摆脱的一个宿命。经商者如果懂得掌握这一社会趋势，从“传统”中找到机会并合理运作，就会收到意想不到的效果。我们来看两个案例。

案例一：张红是重庆万州区龙驹镇人，也曾在外打拼多年，但一直没赚到什么钱。回到老家，他无意中发现天天有人来找母亲做绣花鞋垫，一直在寻找商机的张红眼前一亮，母亲做的绣花鞋垫这么受乡下人欢迎，城里人会不会也喜欢呢？有了这样的想法，张红决定试一试。

第二天，张红就把母亲做的一些绣花鞋垫打了个包，背到万州城里，找了个摆摊的朋友，把绣花鞋垫往旁边一搁。没想到不到半天，她带去的几十双绣花鞋垫全都卖完了。成本约6元钱的一双绣花鞋垫，

卖到20多元人们仍旧抢着要。

初战告捷，张红便想继续做下去。这以后，母亲绣，张红卖，这样持续了一段时间。有一天，张红正在吃饭的时候，朋友打电话来，说想买几十双绣花鞋垫，问她还有没有。

几十双鞋垫，仅靠母亲的一双手，得多长时间才能绣出来！母亲说，手快的话，也可能要绣上一两个月才行。眼看送到嘴边的肥肉吃不着，张红未免有点沮丧。这时，母亲灵机一动，说："我一下子绣不出来，乡下会绣鞋垫的妇女多着哪，为什么不到她们手里去收过来，然后你再转手卖给别人不就行了？"张红一听，顿露喜色。

第二天，张红便在母亲的陪伴下，坐着车来到乡下，挨家挨户地收购绣花鞋垫。一天内，张红就收了200多双绣花鞋垫，临走，她还叮嘱大家有空多绣一些，她可以负责包销。

货源问题解决了，又出现了新问题。张红发现来摊上买鞋垫的大多是老年人。老年人消费能力不强，买东西斤斤计较，当然不可能让她赚太多。她想，要是这东西的消费主力能够变成经济实力强的年轻人，那么一定会比卖给老年人强得多。可是，这种东西怎么能让追求时尚的年轻人喜欢呢？

苦苦思索了几个月，张红终于想到了解决的办法。中国人很重视情义，喜欢互相送礼品，如果将绣花鞋垫做成礼品，加上一些时尚元素，城里的年轻人一定会喜欢。

于是张红找人对图案进行精心设计，再让那些妇女照着图案绣。为了提高生产速度，张红找厂家先做出半成品，以每双2.5元的低价提供

给刺绣者。这样，绣花的妇女省去了粘鞋垫的麻烦，只要照着半成品上的图样绣完就可以了，大大提高了成品的产出率。

经过努力，张红的绣花鞋垫上了一个档次。如今，张红的绣花鞋垫已形成多个系列，如合适后辈作为礼物送给长辈的祝寿系列、适合过年过节送给亲朋好友的平安贺喜系列、适合商人的马到成功系列、适合司机的一路平安系列、适合夫妻间馈赠的勿忘我系列、适合公务员的步步高升系列，还有两双合在一起卖的情侣系列等等。

在现代商业手段的包装运作下，张红的绣花鞋垫很快就打出了名声，产品不仅畅销万州乃至重庆，还销到外地，甚至远销海外。随着产品供不应求，张红又和附近的乡镇和街道办联系，办起了十多个妇女刺绣学习班，前后培训了6千多名妇女。出师后的妇女，张红以每双30～40元的价格收购她们的作品，既解决了令当地政府头痛的一个社会问题，又增加了这些妇女们的收入，同时，张红的货源也得到了保障，可谓一举多得。

目前，张红已为自己的绣花鞋垫申请了注册商标，叫做“巧大嫂”，还在万州最繁华的地方开起了自己的绣花鞋专卖店。在她的商店里，一双绣花鞋垫普遍要价高达100元以上，最低也要90元。她在重庆、成都开了两家分店，还准备在上海、北京开加盟店。

案例二：丽莎的生活目标是成为一名时装设计师。然而，她向这个目标前进了一小段路之后，就发现此路不通。

一天在逛街的时候，她碰巧遇到一位朋友，这位朋友穿着一件非常

漂亮的手织毛线衣，颜色朴素，但编织得极其巧妙。通过朋友介绍，丽莎认识了编织这位毛衣的婆婆。丽莎灵机一动，想到了用毛线衣赚钱的好办法。她可以利用父亲的商店，自己设计、制作和出售这种手织毛线衣，生意一定不错。

于是，丽莎画了一张黑白蝴蝶花纹的毛线衣设计图，请婆婆先织了一件。织好的毛衣漂亮极了。丽莎穿上这件毛衣，参加了一个时装商人宴会，结果纽约一家大商场的代表立即订购了40件这样的毛线衣，并要求两星期内交货。丽莎有些犯难，因为编织这样一件毛线衣几乎要花上整整一星期的时间，两星期要40件，这根本不可能。

回来的路上，丽莎沮丧至极。走到半路时，她猛然止步，心想：必定另有出路。这种传统的毛线衣虽然需要特殊技能，但可以肯定，还会有别人懂得编织。

通过多方打探和朋友们的辗转介绍，丽莎终于找到了20位懂得这种特殊编织技术的妇女。

两个星期以后，40件毛线衣按时交货，它们从丽莎新开的时装店装上了开往美国的货轮。此后，丽莎时装店的生意越来越兴隆。

从传统工艺中找到商机，运用现代化的商业手段进行重新包装和定位，这不仅能吸引守旧的老客户，还能吸引大量属于消费中坚力量的青年客户，这是张红和丽莎成功的关键。

对传统文化中具有商业价值的“潜力”项目进行挖掘，是现代创业成功的一个新的突破点，比较适合中小投资者和创业者作为创业优选项目。

因为这样的项目一般投资都不大，而且市场是现成的。但进行操作时，最好选择那些实用性和文化品味兼具的项目，就像案例中的绣花鞋垫和编织毛衣，既是实用性商品，又是艺术品。如果选择那些具有较高艺术欣赏价值的项目，比如高仿古陶、澄泥砚等，一般具有高加附值的特点，需要从业者拥有某种特殊的专门技术，一般人很难掌握。又因其属于“高度小众”的项目，较难打开市场，往往需要特殊渠道或较多投入，所以不太适合普通创业者。

此外，你还可以把眼光放开一点，不仅可以从传统文化中找到机会，还可以从民族文化、地域文化等方面找到商机。这样的机会简直太多了，举不胜举。它们共同的一个特点就是：同时满足人们在精神上和物质上的需要。基本上，这样的项目生产的都不会是单纯的物质产品。所以，你不能用对待普通商品的态度来对待它，不能用经营普通商品的办法来经营它。

6.选择国外的特色小商品

随着经济的全球一体化，各国经济的交流日益频繁，这为创业者提供了更多的机会。一些有头脑的投资者看到国外的一些新风新俗、新型休闲方式和新的商业形态，便加以适当引进，变成很好的创业投资机会。比如近两年流行全国、圆了很多女士创业梦和财富梦的十字绣，就是由北京的一位创业者首先从法国引进的。在法国，这玩意儿本来是一种供上流阶层女士聚会时打发时间和消遣的小把戏，现在却成为国内许多女性爱不释手的装饰品和消遣品。此外，国外还有很多本身价值不高但附加值很高，且深受消费者欢迎的小商品，特别适合无本创业者经营。

小雪2000年从中山大学经济系毕业，在广州谋得了月薪4 000元的贸易公司文员职位。虽然较高的月薪令家乡人格外羡慕，但日复一日枯躁、紧张的工作使她尝到了白领的苦恼和无奈。

2003年10月的一天，一位嫁到英国的同事见面时送给小雪一套不锈

钢餐具，包括汤勺、水果叉、纸巾杯等，这些餐具都被做成各种表情丰富的小精灵。有的咧着嘴哈哈大笑，有的眨着眼睛，还有的笑得眼睛眯成一条缝，让人看了就觉得开心。

听同事介绍，伦敦人大多比较古板，再加上工作紧张、生活压力大，很多人都感觉到很累。为调节市民的心情，在英国新锐设计界，小有名气的加米和马克兄弟开发设计了许多幽默而又充满智慧的家具生活用品。这些开心商品一面市就风靡欧美。

小雪的男友很有生意头脑，见到这套有趣的餐具，就劝小雪去做这个品牌的代理，他认为开心商品一见之下就让人爱不释手，一定很有市场。听男友这样一说，小雪也动了心，便拿出8万元积蓄，经过联系和沟通，做了那家开心商品公司的代理。几经周折，她在海珠区赤沙镇广东商学院附近租了一个50多平方米的店铺。她采用粉红色作为小店的主色调，因为粉红代表浪漫，地板全部用碎木铺成，墙面用棉布和草席围成，很有田园风格。

2004年，小雪的个性小店开张了。造型滑稽的餐具，表情生动、颇具幽默感的撒尿小男孩笔筒，两眼放着贪婪之光的葛朗台存钱罐，会说情话的魔鬼口红，会唱歌的“美女榨汁机”，会大喊“救命啊，烫死我了”的老板咖啡壶，画着办公室搬弄是非的小人的足球，名为负心郎的拳击袋等产品，都成了小雪店里的“明星”。再加上小雪调侃式的促销介绍，顾客进店后就不时地开怀大笑。

各种时尚搞笑的产品令小雪的个性商店声名远扬，一些追求时尚的年轻人不惜从几十公里外慕名赶来。开张的第一个月，她就轻松地赚了7000元。从第二个月起，她每个月的纯收入都在万元以上。

看到小雪的个性商店门前车水马龙的热闹场面，不少开精品屋、礼品店的老板十分羡慕，主动找到小雪，请她发些货给自己。小雪抓住机遇，马上注册了一家公司，走加盟连锁的路子。2005年，她一口气在广州开了35家连锁店，2006年初又注册了情趣屋商标，开始把产品推向其他省市。

小雪从开心餐具中受到启发，做开心商品代理，从而走上创业成功之路，其实质是依靠开心商品的显著特色打开了销路，占领了市场。它不同于国内一些传统的礼品屋、精品店，开心商品的幽默、愉悦、文化附加值与其他礼品相比，具有明显的差异化竞争优势，迎合并满足了人们在紧张的都市生活之余寻找轻松的心理需求，所以形成了一个鲜明的卖点，深受消费者喜欢。

从目前来看，进口的时尚类小商品比实用性小商品要更容易为消费者所接受。因为这类小商品对工艺、设计的要求很高，国内厂家暂时还难以达到国外的水平，所以，很多有这方面需求而要求较高的消费者只能通过国外进口的商品来满足。了解了这一点，它就可以成为你着手创业的新机遇。

在做此项目时，你还要注意它的时尚性，以迎合现在年轻人追求时尚个性的心理。最好不要多种经营，因为这样容易分散力量，很难形成氛围，效果一般都不会太好，不如集中力量做某个小类别的商品。如做情侣礼品就专心做情侣礼品、卖糖果的就专门卖糖果（甚至可以细分成巧克力专营、水果糖专营等等），这样比较有利于打开市场、吸引消费者，取得好的经营效果。

7.你可以利用的地域差异

人都有鲈鱼莼根、乡土之思，当前中国社会和数十年前“死水微澜”的情况已经大为不同，过去人们很少愿意外出，即使没有饭吃，没有衣穿，也甘愿守一方“热土”，终老是乡。但现在不愿外出谋生和不必外出谋生的人很少，光是每年在全国各地流动的农民工就有几亿。这些人虽然离开了故乡，心却仍在故乡，身上还存留在故乡生活的许多习惯。如果创业者能利用人们的这种心理，实现差异化经营，就可以捕捉创业商机。另一方面，俗话说：“货到地头死。”早在几十年前，鲁迅就在一篇文章中写道：“白菜运到浙江便用红头绳系住菜根，倒挂在水果店里，尊为‘胶菜’。”离开了地头，“低贱”的白菜就变成了“高贵”的水果。如果把南方才有的东西拿到北方来卖，根据“物以稀为贵”的原则，这样的东西价钱一定也高。

苏蕾在打工时偶尔发现了一个商机，在很短时间内，她的个人资产

就超过了百万。事情是这样的：

苏蕾2002年大学毕业后，到北京一家四星级酒店工作，为一位法国大厨当助手。大厨汉斯喜欢吸雪茄，闲暇散步时，他对苏蕾讲得最多就是雪茄的故事。汉斯有一次告诉苏蕾，在欧洲、美洲的很多国家，雪茄几乎无处不在，每家酒店都有雪茄专卖店。出入商务会馆，会有朋友请你抽雪茄；到酒吧喝酒，侍应生会给你送来雪茄单，毕恭毕敬地向你推荐大卫杜夫、卡西亚维加，可是在北京想买一支雪茄却很困难。

汉斯无意的一句话却使苏蕾眼睛一亮：仅北京就有十多万外国人，在上海、广州等一些对外开放的城市，也都有数量可观的外国人。而且，随着世界经济一体化和中国入世后扩大开放，到中国工作和居住的外国人会越来越多，优质雪茄一定很有市场，如果在北京开一家专卖店，只要品种齐全，一定会受欢迎。

苏蕾通过互联网等很多方式进行调查了解，又和自己的好友在一起商量，很多人认为这是一个好主意，这是一个还没有人涉猎的新兴市场，应该是一个不错的选择。

下定决心后，苏蕾辞去了酒店的工作。她在北京一条合适的街道租用了一间门面，一阵忙活，在桃花盛开之时，一家风格独特的优质雪茄专卖店顺利开张了。她的专卖店招牌上有一行字母——“Montecristo”(蒙特)，这是古巴雪茄的一个著名品牌，雪茄消费者一看就会明白。

开张后，由于知名度低，经营情况并不太好。她就分析原因，搞准定位，将雪茄消费群体紧紧锁定在驻京的外国人身上，并根据外国

人的消费习惯，增加了酒水消费服务，同时大力宣传。3个月后，专卖店开始盈利；4个月后，利润达到了4万元以上。接着，她把项目逐步扩大到中外公司和驻京大使馆的礼品交换上，先后同日本、美国、德国、法国等国家的数十家外资企业建立了业务联系，成为他们的高档礼品供货商，驻京的一些大使馆也成了她的固定客户。这不仅填补了驻京外国人消费雪茄的市场空白，为他们提供了良好服务，也为自己的创业开辟了一片很有潜力的市场。

现在她对自己的发展前景充满信心，立志要成为中国最酷的“绝代茄人”。下一步，她还要在外商云集的上海开一家分店，然后就是深圳、青岛、天津。她心中的梦想是在全国开100家这样的连锁店。

苏蕾的成功并不是一个偶然的案例。像这样利用乡情搞地区差异化经营并从中赚钱的例子还有很多，比如餐饮。目前，开乡土风味饭馆已经成了一种时尚，成为异地创业和投资的一条捷径。且不说在北京、上海、广州这样的大城市，就是在各地小一些的城市，各种各样的酒楼饭馆也是随处可见，哪个地方的风味都能够找得到。这一行竞争日益激烈，投入要求越来越大，已不太适合小本经营。

再比如土特产。中国幅员辽阔，不同地方人们的口味、饮食风俗大为不同。在这种情况下，开土杂店，经营家乡土特产，让远离家乡的家乡人以廉价、方便的形式解决口味问题，就有了巨大的市场空间。

除了上述两种方式以外，可供开发的利基点还有很多，利润空间也很大，如组织家乡同胞联谊会、为初到本地的家乡同胞提供各种咨询和资讯

服务，为家乡产品打开本地市场提供服务，为家乡到本地办事的人员提供住宿、向导、关系疏通服务等等。杭州有一个叫蒋念来的人，就是依靠在杭州开办面向淳安老乡的小旅馆，为来杭州办事的淳安老乡提供住宿和交通服务，从此发了财。随着国内人口流动的加剧，这个市场将会越来越大。

想要发展这类项目，产品地域特色一定要浓。地域特色浓，才能引起其他地域消费者的足够重视和兴趣。而且，在经营过程中，质量和信誉很重要。拿土特类产品来说，因为销售对象大多是老乡，家乡的东西他们很熟悉，很容易品出产品的地道与真假。另一方面，因为大家都是老乡，老乡之间乡土乡音亲密无间，这是优势；但同时，大家知根知底，只要有一点疏忽和服务不到位，坏名声很快就会在一个封闭的圈子里传得尽人皆知，生意将彻底垮台，很少有挽回的机会。而对于当地的消费者来说，他们本来对你销售的商品就不熟悉，怀着疑心，因此你就更加要重视商品的质量和信誉。

8.借助“剩女”的商机创业

在大众文化消费方面，“剩女”(对大龄单身未婚女性的称呼)正成为一个新卖点。以“剩女”为题材的疗伤音乐剧《阿姨——她和她的空少们》在北京赚足门票；由“80后”剩女“嫩草”、“橘子”携手打造的“剩女漫画”——《一定可嫁出去》又在上海火热开卖；日本作家酒井顺子著有《败犬的远吠》，“败犬”一词成就了中国台湾当红连续剧《败犬女王》。可见，以剩女为题材的影视、文艺作品有着良好的市场反响。不仅如此，许多商家也利用“剩女”这一特殊名词大发其财。

日本本田佑太（音译）在东京六本木商业街区经营一家名为“绿吧”的酒吧。一年夏天，这间以单身男女约会为特色的酒吧严重亏损，他不得不另觅新招。

正当本田为如何定位新酒吧发愁时，他读到一本名为《“婚活”时代》的畅销书，最终决定把这间酒吧改造为“婚活吧”。

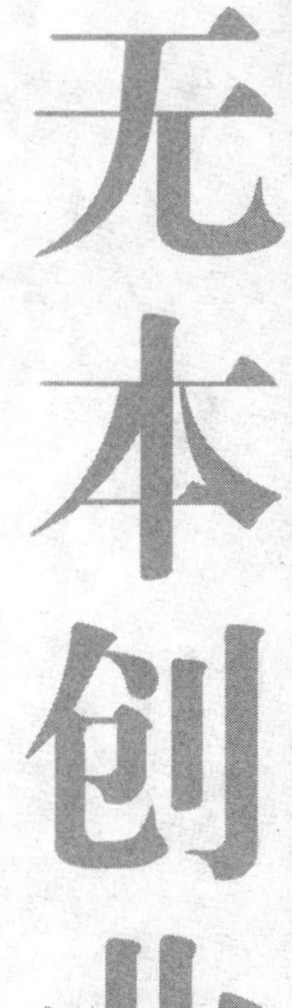

这一变化效果明显。近段时间，酒吧里总是坐满二三十岁、寻求结婚的青年男女。这在以夜生活闻名的六本木街区算是一个小小奇迹——由于日本经济严重衰退，当地许多商家早早打烊，一些店铺甚至关张，而本田的酒吧生意却能越做越红火。

据近期一项社会调查显示，我国目前正在经历新一轮“单身潮”。北京、上海、广州等大城市的适婚青年单身率已突破30%，而十年前的数据则是23%。

有商业数据证明，国内单身族群消费潜力巨大。调查显示，在大中型城市的单身族群中，不经考虑购买奢侈品者占近三成，其中一成六的单身族至少每周去一次酒吧、KTV等夜生活场所，近1/3的单身族每月最大开销为自我娱乐消费或聚会等社交消费。此三项数据明显高于已婚群体。

虽然不少都市剩女自嘲“剩者为王”，但其中多数仍然恨嫁心切。因此，国内许多行业都开始大发“剩女财”，其中婚介业抢到的市场地盘最大。2005年，中国网络婚恋市场规模约为9000万元人民币，2009年，这一市场的规模则已突破6亿。

目前国内盈利最丰的网络婚恋巨头包括世纪佳缘网、百合网、珍爱网等。据来自珍爱网的消息称，2009年第三季度，其注册会员人数增长创历史最高，突破2000万人，且会员平均相亲频率也大大提高，一些付费会员甚至用半数月薪寻找意中人。据分析，这一现象与经济危机对人们的心理冲击有关，寻觅另一半像住房一样，成为许多单身族的刚性需求。

针对现在“剩女”待嫁心切的心理，今年开始，各大电视台的相亲节

目，呈现一片繁荣之景，其中比较著名的如江苏台的《非诚勿扰》，湖南台的《我们约会吧》等。

考虑到市场需求，一些精明的商家还特别为剩男、剩女开起会所、建起交友俱乐部，提供异性相识、相知的平台。最近网上比较受欢迎的上海欢乐园单身俱乐部就搭起了一个“集体约会”的桥梁。俱乐部以会员形式招募单身族，会费从1000元至5000多元不等。会所设有“聊吧”、“影吧”、“棋吧”、“球吧”、“歌吧”、“聚吧”、“健吧”、“网吧”、“书吧”等不同场馆。单身族既可以玩桌面游戏，又可以参加互动配对小游戏，还能健身、打桌球等等。周末，俱乐部会组织户外活动，比如国庆长假期间组织“红色十月义拍”，三天内共筹集了1万多元善款。俱乐部负责人介绍，他们将组织有兴趣的会员和其他网上报名的单身族一同前往安徽某希望小学，来一次集体送温暖活动，既让年轻人感受农村娃别样的生活状态，又能在活动中加深男女彼此的了解。

除此之外，还有很多其他“剩女商机”值得把握，比如针对“剩男”、“剩女”开发的网络游戏、网上购物。另外，因为“剩女”的时间比已婚者多，她们空闲下来往往更喜爱到健身中心做运动，因此针对“剩女”开设的“一对一”课程具有一定吸引力。另外，在充满竞争和压力的都市生活中，一些“剩女”还会去寻找心灵的寄托，饲养宠物当然是不错的选择，而与宠物有关的产品、服务等都能带动单身族消费。

一些有创意的商家通过打“剩女”标签，在抚慰都市“剩客”寂寞心灵的同时也大赚特赚。像超市里一人份的食品，商场中一人使用的洗衣机、小冰箱、小型电饭煲，还有别致小巧的汽车等等，都是商家精心为单

身一族打造的，虽然外形小巧，但价格并不低。至于现在每个人都关心的理财问题，像财产如何规划、保险该买哪些、退休生活怎样安排等等，针对“剩女”都会有与众不同的方案。

因此，借助“剩女”的力量，瞄准“剩女经济牌”，成就一番事业并非只是梦想。

9.敲定“90后”这个巨大市场

近两年，媒体逐渐将曾经风靡一时的“80后”放在一边，而将关注重点转向更加乖张与另类的“90后”。“90后”是指出生于20世纪90年代的年轻人，是相对于“70后”、“80后”而言的新一代群体，这是崭新的独生子女一代。这批“90后”孩子的父母正是社会的中坚阶层，而孩子更生活在爷爷奶奶、爸爸妈妈两代人的庇护下，所以他们一出生就带着优越性。目前很多企业都在深度挖掘“90后”这一代黄金消费群体，培养他们对某品牌的忠诚度，以求未来市场的长远发展。

而想要敲定“90后”这个巨大的市场，首先就要了解他们与以往的“80后”、“70后”消费群体相比，在个性和需求方面有哪些特点，以便做到有的放矢。

我们都知道“90后”成长于物质丰饶时代，他们的时尚感觉更为敏锐，乐于追求自己喜欢的东西，购买独特风格的产品，而且不断使用新锐事物，装扮自己以凸显与众不同，表现出前卫、个性、新潮的消费特性。

对于服装企业来说，“90后”这种“追求个性”的消费特点是更大的市场机遇。款式多、更新快的服装产品能更好地满足“90后”的消费热情，也有相当可观的利润。因此，“90后”消费市场已成为众多服装企业觊觎的一块市场蛋糕。

“90后”在消费的过程中比较注重内心感受，注重产品和品牌中蕴含的能营造他们感官体验的思维认同，如身份或阶层的象征、时尚与先锋、够酷够炫够好玩、彰显个性与潮流等。

他们一旦认同某品牌，就会有很高的品牌忠诚度。比如新品牌休闲食品“多力多滋”玉米脆片，在上市之处就和MTV、雅虎音乐、环球唱片建立了合作关系共同推广，联手沃尔玛提供买产品免费下载时尚音乐的活动，吸引了大量“90后”消费群体参与。它在没有任何广告投入情况下，一举占据休闲食品市场，使其品牌知名度迅速提升。

“90后”人群接受新鲜事物的能力也很强，而且敢于尝试新事物，对生活中的非常规事件兴趣盎然，具有渴求体验的心理。他们对于品牌的认知度也比较高，消费比较集中，有自己的圈子，消费容易冲动，易受环境中其他消费群体，比如朋友、网友、同学的影响。他们会因为买到一瓶新版代言人的可乐而欣喜不已，会把啤酒和香槟用于Patry上的喷泉游戏，他们对快速消费品的消费观念是“放肆的追求”、“尽情的快乐”。七喜发起的“柠檬七喜我拧你”以搞笑的视频大赛来传播其年轻快乐的品牌概念，得到大量“90后”年轻人的认可，新饮料上市之后销量节节攀升。

“90后”群体的消费欲望也相当强烈，消费观念超前。“90后”是伴着高科技成长的一代，他们对于新媒体的熟悉程度和亲切感远远超过上几

代人，网络几乎是他们生存与交流的最佳平台。2009年，中国青少年研究中心发布的调查数据显示，在7岁到15岁之间的中国儿童中，超过70%的儿童至少上过一次网。在我国1亿多网民中，25岁以下的网民就占到43%左右。

网络可谓是“90后”重要的生活元素，因此也给网络商家与网络媒体带来了巨大的空间。遍寻“90后”的网络足迹，我们不难发现，以下网媒是“90后”关注度最高的几大平台。

网络游戏：“不会玩网游，必须是落伍”是“90后”挂在嘴边的口头禅。不论是劲舞团、卡丁车还是魔兽世界，都是“90后”挥霍时间的舞台。

视频网站：“90后”是真正的“声色一族”，土豆网、优酷网、新浪播客（视频分享）给了太多非主流参与的机会。

非主流论坛：受“哈韩”、“哈日”风潮影响，“90后”中出现了大量“大眼睛、长睫毛、穿着个性”的非主流一族。他们聚集在非主流论坛，张扬个性，互较长短。

网上商城：“宅男”也好，“宅女”也罢，总还是要购物的。既然传统商店逛起来麻烦，不如坐在电脑面前“淘宝”或者“易趣”。和“80后”、“70后”不同，“90后”在购物网站上消费大胆并且前卫，不仅购物数量惊人，而且很多高价品被其收入囊中。

手机网络：现在还有只靠电脑挂QQ的吗？照相还用随身携带吗？就现在的手机功能来看，完全具有上网、听歌、看电影、看视频、拍照、玩游戏、翻译等功能。我们常可以看到一个孩子，只要拿着手机，他这一天就不会寂寞。

了解了这些，我们便可以有针对性地制定营销策略，开发“90后”这块巨大的市场。你需要做的就是：深入挖掘他们的消费特点和个性化元素，并将这些个性化元素与企业的品牌诉求及产品研发密切融合，塑造产品及品牌的个性化特点，培养他们的品牌偏好和品牌忠诚度，这样你才能把握住未来的强大主流消费群体市场。

第四章 借用他力，巧套狼

想要无本创业，关键在于一个“借”字。这个字不仅仅是借资金的意思，还有借资源、借力、借地、借势等含义。如果你能把“借”字发挥好、运筹好，就可以不花一分钱而创立自己的事业。

1.废物只是放错地方的资源

创业不一定非要等自己手里有了足够的资金再进行。如果你懂得抓住时机，整合资源，也可以实现零元创业。

创业过程中一个必不可少的元素就是资源。社会上的资源大致可以分为两类：一类是抢手资源，这需要用大量资金进行购买，你现在可以不用考虑。另外一种就是“闲置资源”，你所要关注的就是这一类。人们常说：世界上没有完全的废物，所谓废物，只是放错地方的资源。

如果你想要充分发挥自己无本创业的整合艺术，就必须深入了解企业和社会的需求和闲置资源，在“需”与“闲”之间找到利益点，并有效加以利用。

20世纪50年代，在以生产煤炭和钢铁著称的美国城市匹兹堡，焦炭灰堆积如山，成了匹兹堡的一大公害。匹兹堡的市民来来回回从垃圾中走过，虽然对垃圾的污染感到焦虑，但谁也没有想到，焦炭灰这个

“闲置资源”也能变成财富。

匹兹堡有个叫约翰·兰高斯的推销员。一次路过气味熏人、随风飞扬、灰尘弥漫的焦炭灰堆时，一向爱琢磨的兰高斯突然萌发出利用这废弃的焦炭灰生财的意念。

于是，他开始对焦炭灰垃圾进行研究。他买了很多有关焦炭灰的书籍，并请教专家。他经过研究发现，焦炭灰中含有可以继续燃烧的焦炭，其他不能燃烧的废物可以作为制造砖和煤渣建筑板的原材料，煤渣还可以铺路。这可是变废为宝的好商机！

1960年，兰高斯创立了自己的垃圾处理公司。刚开始有一些人感到奇怪和不解，但经过他几年的苦心经营，生意正如他预见的一样，芝麻开花节节高，业务范围越来越大。从回收焦炭灰到钢铁废渣，然后回收电厂的煤渣，到1969年，兰高斯收购了美国最大的垃圾处理公司，他的事业开始走上坦途，业务也从由废变宝发展到了市区垃圾填埋区的购买经营。

20世纪80年代以来，兰高斯的垃圾处理公司平均每年的营业额和利润增长均超过50%。他在全美有20个填埋区，1991年营业额突破3亿美元，他个人持有美国最大的垃圾处理公司5.46亿美元的股票。

兰高斯之所以能从一个推销员白手起家，变成美国著名的垃圾富翁，就在于他能对闲置资源进行有效的发掘利用，把别人丢弃不用的东西与社会的需求相结合，既为满足社会和客户的需求创造了价值，又实现了自己创业致富的梦想。

生活中，我们也应该处处留心，看看社会上哪些行业中有哪些闲置资源是可以为我们所用的。比如，有些餐厅只允许经营午餐和晚餐，早上是闲置的，你就可以和他商谈，利用他的餐厅设备和就餐场地经营早餐，让他们派一个收银员，钱收完了，先归餐厅，然后再与你分成。

另外，有很多媒体的广告卖不出去，这些空余的广告就是闲置资源；还有很多商家的东西卖不出去，可又没钱做广告，这也是闲置资源。你可以与广告商协商，利用他们剩余的广告位卖商家的产品，然后根据卖出的货物多少分给广告商广告费。

只要你能有效地利用闲置资源，就会发现别人发现不了的商机。

2.让别人的房屋为你赚钱

在常规的概念里，房地产是有钱人才能涉足的领域。其实恰恰相反，很多房地产高手都是白手起家，“零”资本掘金房地产——这是一个绝对真实的财富神话。房地产投资靠的往往是“智”慧而不是“资”金。只要当地有房屋出租，你就能让别人的房屋为你赚钱。只要当地有房屋出售，你就能零资金实现住房梦。

小月是一家房地产公司的售楼小姐，新婚后和丈夫租住石家庄的一所房子里。后来由于丈夫工作调动需要搬家，房子签的合同是一年，已一次性付清了一年的房租 5000 元。可现在他们只住了两个月，想要退房租，房东却说：“合同期还没到，是不会退给你们房租的，反正这一年之内房子的使用权是你们的，不住你们可以再租出去。”

一句话让小月豁然开朗，她想：“对啊，为什么不把房子再租出去呢？这样起码可以减少一点损失！”小月说干就干，立即写了租房启

事，拿到附近的广告栏去张贴。考虑到刚搬进来时他们花了几百元刷了一遍墙壁，房子看上去很新，小月就将月出租价格提高到1000 元。她当时的想法很单纯：就算人家打个五折，也能租 500 元，起码能保证不亏本。

没想到，那几张租房启事贴出去后很快就有了效果，第二天就有好几个人来看房子。其中一对在电脑公司打工的夫妻对这套房子很感兴趣，经过协商，双方以每月 800 元的租金成交。按照小月的要求，那对夫妻一次性付清了9个月的房租。当天，小月怀揣7200元钱，高高兴兴地搬到了新家。

一桩麻烦事解决了，小月不但没有亏本，反而从中足足赚了 2200 元钱!这让每天在房产公司讲得口干舌燥的小月惊喜地发现了一个赚钱的商机：既然转租房子也可以挣钱，何不干脆去做个二房东挣钱呢？已经租了几年房子的小月知道：大部分房东都怕麻烦，宁愿将房子以较低的价格租给一年一付的人，也不愿意租给那些愿意出高价但只能3个月付一次租金的人；而大部分租房的人因为生活极不稳定，往往都希望 3 个月付一次房租，有的甚至希望一个月付一次。在这种情况下，如果自己选择一些容易租出去的房子，先用较低的月租金以一年一付的方式从房东那里租过来，再以较高的月租金租出去，岂不是可以赚不少钱?想到这里，小月兴奋极了。她决定用手里的几千元钱做一次试验，探索一下这条“发财门路”的可行性。

这一试果然很灵验，经过两年的努力，小月辞去了房产公司的工作，专职做起了“房探”，自己也当上了老板。

小月是非常聪明的，她之所以能够找到这个这个商机，就在于她抓住了房东和租客的心理，能够“借房生钱”——借助房东的房屋为她赚钱。

在我们的身边，总有一些人一有了钱就存银行，而像小月这样敢于孤注一掷，“借房生房、借鸡生蛋”的人实在太少。每个打工者的钱都来之不易，为什么要让它们躺在银行里睡大觉，而不去尝试一下，让手中的钱再去生钱呢?

“借房生钱”这种零资本创业模式其实运作起来十分简单。具体来说，房地产投资的基本方法就是两种：一、出租；二、转售。其他方法基本都是这两种方式的衍生物或变体。在选择房源时，只要具备以下两个主要特点即可：

一、地段好，利于出租或出售。

二、房东想尽快摆脱此房，交易方式灵活。

满足这两个条件的房产几乎在每个城市都有大量供应，你稍加留意就会发现。那么，具体怎样来操作呢？我们将整个过程简述如下：

（1）找到合适的房源，与房东签订“以租代买”合同，并按月交房租。

（2）找到租客将房产转租出去，从中赚取租金差价，积累自己的现金流。

（3）重复操作（1）和（2），储蓄更多现金。

（4）等现金积累到一定程度后，采取“二手房按揭贷款模式”，支付30%首期后买入房产，取得产权。

（5）通过信用贷款融资，将所要支付的首期贷出来；每月偿还信用贷款和银行二手按揭贷款。

（6）将你所买入的房产采取“以租代售”模式出售，让新的买家来承担你的每月还款。

（7）利用你所融出来的信用贷款，再去重复（4），购入新的房产，并进入（5）和（6）的循环。

以上就是“借房生钱”方法的一个大体模式，这样做的好处就在于你可以是完全“零资产”介入，而且能够快速地积累财富。整个过程风险极小，出售简单，一般二手房平均销售周期都要在4个月左右，耗时相对较长，而这个体系，为新的买家设计了一种巧妙的“零首付买房方案”，这是一种重要的“融资”增值，所以出售变简单了，而且基本上可以按“高于市场价值”的价格出售。

进入房地产行业并不一定需要大量的资金，成功永远都是掌握知识并努力实践的人，只要拥有一颗充满智慧的头脑，没有资金一样可以实现自己的创业梦。

3.代销商品有“甜头”

我们都知道，温州人被誉为“东方的犹太人”，他们似乎天生就是做生意的料。温州工厂、企业多如牛毛，星罗棋布，可以说家家户户、村村寨寨都是工厂。从小受到这种环境的熏陶，温州人特别精明，财商特别高。他们做生意从来不会等到手里有富足的资金，而是一旦看准商机，就会利用手里的一切有利资源发展、壮大自己的事业。

温州大学生吴昊是北京某高校大二学生，家庭条件不富裕，于是想勤工俭学以解决学习和生活费用。

他看到同乡厂里有大量牛仔裤积压，便赊了两大包，先货后款，拿到学校去卖。市面上卖20块钱的一条牛仔裤，他卖12元，他想既然都是同学，就不要赚得太多。没想到，同学们你一件我一件地买，不一会儿，一大包牛仔裤就被抢购一空。

吴昊一看牛仔裤这么好销，就想看看在其他学校是不是也可以试

试。于是，他第二天就背起另一包来到了邻近的大学。这一次，他开价18元，比市面上便宜2元，经过讨价还价，一般以15元成交。就这样，不到两天的时间，两大包牛仔裤，就全卖完了。吴昊一算，收到1800多块钱，每条牛仔裤批发价只要5块钱，除去本钱，还净赚1000多元。这次牛刀小试，旗开得胜，让吴昊尝到了代销服装的甜头，也看到了这里面的商机。

于是，他把钱汇到厂家，干脆做起了该厂家在北京的代理。他知道，要大干，就要搞批发。因此，他看准行情，联系了一大批要货的商贩，并订购了一批款式新颖、价廉物美的牛仔服，结果这批货在市场上销售非常对路。

通过一段时间的努力，吴昊的存折上已经有了6位数。这个时候，他的羽翼已经丰满，他的销售渠道越建越多，经验越来越丰富。他已经不再局限于单卖牛仔服了，而是全方位出击，跟众多的厂家、众多的商家取得联系，市场上什么服装好销，他就卖什么服装；市场上需要什么服装，他就生产什么服装，他甚至根据市场上摊贩们的需求，把样品寄给厂方，向厂方订做。结果，他的生意越做越精、越做越熟、越做越大。

随着业务的发展，他的业务一个人完全忙不过来了，于是招了几个助手，租了一套二室二厅的写字间，开始以公司化来运作。

几年过去了，吴昊即将大学毕业。他没有去找工作，而是留在京城，继续指挥着他的服装大军。此时，他已经是京城腰缠万贯的大老板了。

大学生吴昊为什么会白手起家创业成功呢？我们可以简单做如下分

析，同时也可以供做代销商品的创业者借鉴。

首先，货源。吴昊能够利用人际关系，不花一分钱从同乡那里“借”来了两大包牛仔裤，积累了自己最初的创业资本。可见人脉积累很重要。

其次，信息。信息时代就要有信息观念，脑子时刻要有一根弦，这根弦就是市场观念、信息观念、操作意识，吴昊就是这样。他能成功，很关键的一步就是抓住了“大学生”这个潜在市场，对老乡的积压产品进行销售，并在生意做大之后，根据市场需求生产、订做所需产品。

现在很多商家产品积压，并不是没有市场，而是信息不灵；有的商品在城市不好卖，可以拿到乡村去卖；这个地方不好卖，可以拿到其他地方去卖；有的商品换个包装，改个颜色，贴个标签，印些图案文字，就好卖了。

可见，信息灵通也很重要，所以平时要多看报纸，多听广播，多看电视，多了解党和政府的方针政策，多了解市场的动向，眼观六路、耳听八方，像猎人的眼睛一样到处搜寻，这样机会来了，你才能迅速地把它抓住。

再次，需求和结合点。空手运作中很重要的一点是：不要去找那些跑火的企业、畅销的产品。因为这些产品已经有很成熟的销售模式和渠道，人家不会让你做。只有找那些困难的企业、滞销的产品，你才能先货后款，找准了结合点，你才能操作成功。

最后，打时间差、地方差、区域差。在操作时一定要掌握好时间差，要有“弹性”，不然操作起来就会很困难。这里，吴昊打地方差和区域差，一条十几块钱的牛仔裤在温州随处可见，可到了北京却成了物美价廉的稀有资源，销售起来当然红火。

4.巧以“无形”换“有形”

想要“零”资本创业，就要发挥自己“借”的本事。如果你能够顺应政府、大企业、银行的需要，找出自己的项目与他们的结合点，巧妙地以无形资源换有形资源，由虚转实，就可以借用他们的优势和资本，发展自己的事业。开元集团懂事长陈妙林就是这样白手起家进行创业的。目前，该集团已拥有30多家酒店，其中包括多家五星级酒店，还涉足房地产开发等领域，是中国最大的民营酒店集团。他是怎样做到的呢?

陈妙林原是萧山物资局金属公司的经理，受命改造萧山招待所。萧山是一个县级市，1998年、1999年，我国经济走入低谷，浙江省率先对企业进行改革。当时，萧山80%的企业都进行了改制，招待所还没有改。陈妙林盯上萧山宾馆改制的机遇。改制购买企业需要资金，陈妙林就通过朋友向3家银行贷款6000万元。建立了自己的团队——开元集团，并把30%的管理股权分配到高层管理人员中。

但是想盖一家酒店至少也要花费几亿元，6000万元贷款根本不够，而当时的开元集团一年的纯利润也只有几千万。正当陈妙林面对巨额资金的问题时，有一个机遇出现在他面前。

当时萧山市想扩大城市规模，开发郊区的一片土地，在那里建一幢市政府大楼和一座高档次的酒店。陈妙林决定抓住这个机会，接手这个大项目。他想到了一个绝佳的集资计划，答应政府建一个萧山最漂亮的酒店，以此为条件让政府给他一块地皮搞房地产。经过反复商讨，政府最后答应给他市政府周边约27000平方米的地投建酒店，再给54000平方米的地让他进行房地产开发。他利用这些土地抵押贷款，通过房地产开发获得近4亿元利润。

陈妙林为什么会创业成功、迅速发展起来呢？关键就在于他能够精辟分析当时市政府改制的形势和政府经营城市的需要，抓住机遇，借力发展，利用政府的地和银行的钱发展自己的事业。

同样，想要创业，你也应该时刻关心国家形势、中央及地方政府等的有关新政策和新信息，从中发现创业商机。如前几年国家实行减免农业税政策，引发农民种粮的积极性，许多创业者便利用这一商机，加大加快农业机械的开发和生产，收到了较好的经济效益。又如，有一些媒介报道，有关专家指出，现在人们都使用的被褥在一周内就会产生大量的螨虫，对人的身体特别是皮肤有害。南方特别是温州的一些创业者马上与美国杜邦公司联合，生产出能够杀死螨虫的被褥布料和床上用品，这给他们带来了滚滚的财源。

另外，现在国家提出发展循环经济，这里面也蕴藏着巨大的商机，需要我们用经济头脑去思索，去发现。

有了好的机遇，再巧妙“借”用别人的优势，把自己的创业活动与国家政策和市场需求很好地结合起来，你也可以走出一着空手揭榜、巧施连环的妙棋。

5.让他人掏钱为自己创业

阿基米德有句名言：“给我一个支点，我就能撬动地球。”这个支点就是一种“凭借”，运用在生意场上，就是你能否找到符合合作者利益需求的“点”，诱导合作者为你出钱，解决自己的创业资金难题。

众所周知，希尔顿是美国旅馆业巨头，他以5000美元创业起家，缔造了一个遍布世界五大洲、拥有100多家酒店的旅店王国，积累了数百亿美元的资产，成为旅馆行业的一个不老传奇。他创业的一个重要策略就是利用别人的资源解决自己创业中的难题。

一次，希尔顿买了一块地皮，准备盖一幢新酒店。突然资金链断裂，自己没有钱，到银行又贷不到款，他心急如焚，来回踱步，寻找妙策。突然，让那位卖地皮的商人出钱为自己盖酒店的想法在头脑中闪现。“这倒是一个妙计。”他自言自语地说。怎么才能让他心甘情愿地借钱给自己盖酒店呢？经过反复思考，一个成熟的方案逐渐成形。

希尔顿找到地产商，坦率地说："我没有钱盖酒店了。"

地产商漫不经心地微笑着，望着希尔顿说："那你就停工吧，等有了钱再盖。"

希尔顿真诚地说："这个我当然知道，但是，假如我的酒店拖着不盖，受损失的恐怕不止我一个吧，您的损失可能比我还大。"

地产商感到纳闷，以疑惑的眼光望向希尔顿。希尔顿说："你知道我自从买了你的地皮盖房子以后，周围的地价已经涨了好几倍。如果我的酒店突然不盖了，你的地皮价格就会大受影响。损失最大的可能就是你了，假若有人再宣传一下，我的酒店不盖了，因为这个地方不好，我准备另迁新址，那结果又会如何呢？"

地产商觉得希尔顿说得有理，"那你想怎么样呢？"

希尔顿说："很简单，你暂且帮我一把，将房子盖好再卖给我。我当然会付钱给你的，但不是现在，而是从我的利润里分期支付。"

地产商虽然很不情愿，但考虑到个人的利益，还是决定自己出钱帮他把酒店先盖起来。就这样，希尔顿用"借"来的钱，实现了发展自己的目的。

其实，希尔顿使用的正是商业信用融资法，具体来说是指企业利用其商业信用向客户筹集资金的行为。你不妨也试着运用此种方法，"借"别人的资金发展自己的事业。但"借"也并非易事，"借"也是需要本事的。

首先，借钱应该要有个说法。俗话说："话有三说，巧说为妙。"又

曰："一句话说得别人笑，一句话说得别人跳。"说得不到位就借不到势。举个生活中的小例子。比如你对邻居说："我家有一盆花，你帮我修剪一下吧！"对方不一定会乐意帮忙。但如果你换一种说法："我发现你家的花修剪得特别漂亮，你在这方面造诣很高。哎，我家有一盆花，你能不能教教我，看怎么剪才漂亮？"对方一定就会高高兴兴地帮你剪花了。

其次，要有信誉。一个人信誉不好，就要付出很大的成本。比如，如果有信誉的话，有些事就是很简单的事，就不需要繁琐地签订各种协议。如果对方不信任你，就会搞得很复杂，对你处处设防，搞出很多条条框框，成本就会很大。

最后，要双方有利。做生意更是这样，大家都要有利。你想赚，别人也想赚，但你把别人的利润全搞掉了，谁都不愿跟你合作。而如果你能够让对方觉得有利可图，有安全感，他就一定会愿意借钱给你，因为双赢的事情谁都愿意去做。

6.让能力比自己强的人为自己打工

想要创业，单凭个人力量成不了大事。创业者必须打造团队，借助他人的力量，借助社会人才资源的力量，这就要善于用人。

善于用人、做一个出色团队的领导，并不是说你各方面的能力要有多强，而是需要组织一些能力比你强的人为你打工。只要你懂得整合手里的人才资源，运用得恰到好处，就会使你在创业之路上取得事半功倍的效果。这个道理在神话故事《西游记》中也曾有所展示。

故事中描述了唐僧师徒四人历尽千难万险，终于去西天取回真经的过程。他们所经历的九九八十一难，其实和我们在人生和创业的艰难历程中可能遭遇的种种困难一样。让许多人不明白的是：吴承恩在书中为什么让唐僧做这个团队的领导呢?

在这个团队的四人之中，只有唐僧是肉眼凡胎，且四人中数他最愚腐、最懦弱、最无能，手无缚鸡之力。他不像孙悟空，曾大闹天宫，是天上人间闻名的“齐天大圣”；也不像猪八戒曾做过天蓬元帅；就是沙和尚

也会腾云驾雾，功夫了得。他这三位弟子都神通广大，但菩萨选拔团队领导时为什么偏偏选中他呢？

这并不是没有道理的。唐僧是完美型性格的代表，这类人严于律己，着眼于长远目标，善于思考，总能比其他人站得高、想得多。他们才华出众，崇尚美德，重感情，识英雄，乐于为自己选择的事业做好规划，会用高标准、严要求去执行这个规划，并确保每个细节都能做到完美无瑕。他们要在自己所在的领域内出类拔萃。他们愿意接受挑战，希望通过自己的努力去策划组织中的变革，所以这类人通常是推动社会和组织进步的领导人物。正由于此，菩萨选了唐僧作为整个取经团队的领导。结果唐僧也不负众望，带领众人取得了真经。

从这个神话故事中，我们可以得到这样的启示：创业成功很重要的一点就是要能知人善任。美国钢铁大王卡耐基之所以能创造巨大的财富，最重要的秘诀之一就是能知人善任，充分发挥他人的才能，让他们体现个人的人生价值。

卡耐基善用比自己强的人，他把人才视为企业最宝贵的财富。卡耐基本人对钢铁的制造知道得并不太多，他手下的几百号管理、技术骨干在这些方面都比他懂。他还有一个智囊团，集中了很多方面的专家，所有的重大问题都通过智囊团拿出解决办法。可以说，善于任用能力比自己强的人，使其为自己服务，是他的最大本事。

想要发展自己的事业，你就要培养这种能力，组织好自己的智囊团。在明确创业目标和途径后，有意识地召集一批人才，然后有步骤地

实行计划。

当然，在组织智囊团之前，要明确你可以为你的智囊团成员提供什么样的好处。要知道，没有一个人愿意做免费劳动力，一个聪明的组织者也不会想象别人为自己提供免费服务。

在合作过程中，你要及时安排你的智囊团集体讨论，而不能让他们过于分散，否则一个人一个方法，你会找不到创业的真正途径。

最重要的还是人际关系。你和你的智囊团一定要搞好和谐的关系，要让他们乐于发挥自己的才智为你服务，这样你才能在创业途中找到一条通往成功的正确之路。

7.打好资源交换这张牌

任何创业者自己能占用和支配的资源都是有限的，白手创业者更是如此。因此，要实现特定的创业目标，必须解决特定资源需求问题，这就需要创业者利用自己能够占用和支配的资源与他人进行交换，以获取自己所需的资源。

在创业过程中，资源交换的重要地位不容置疑。打好资源交换这张牌，就更容易取得成功。

图德拉是美国的一个工程师，他很想在石油界大展宏图、大显身手，但苦于没有钱。怎么办？有一天，他从一个朋友那里得到一条信息：阿根廷想采购2000万的丁烷气体，图德拉突发奇想，决定去碰碰运气。当他来到阿根廷之后，才发现自己碰到了强劲的对手——英国石油公司和壳牌石油公司。是打退堂鼓，还是迎难而上？他决定用自己的智慧跟两家公司叫板。图德拉精心调查，苦思良策。

一天，他在报纸上发现一则消息：阿根廷牛肉过剩、积压严重、亏损大增，他们正不惜代价卖掉这些牛肉。这条消息引起了他的注意，这不是天赐良机吗？为什么不利用一下？于是，他找到阿根廷政府，说："如果你买我2000万的丁烷，我就买你2000万的牛肉。也就是说，你不花一分钱，只要给我你积压的牛肉，就可以得到2000万的丁烷。"这正是阿根廷梦寐以求的，于是当场签了协议。

合同签好后，图德拉拿着牛肉的供货单，跑到西班牙，因为那里的造船厂没有订单，濒临倒闭。图德拉对西班牙政府说："如果你买我2000万的牛肉，我就在你们的造船厂，打一艘2000万的超级油轮。"西班牙政府的难题轻而易举地解决了，非常高兴。他马上通过他们驻阿根廷的大使，叫他们把图德拉要的牛肉发往西班牙。

牛肉有了买主，那么油轮又卖给谁呢？图德拉离开西班牙后，返回美国，直接跑到费城的太阳石油公司。图德拉对他们说，如果你们买我在西班牙建造的2000万的超级油轮，我就买你们2000万的"丁烷气体"。太阳石油公司见有利可图，就同意了。就这样，图德拉一分钱不花，空手打进了石油界。

这个案例说明，在创业过程中，资源的获取是要遵循交换法则的。用资源交换资源是货币交换法则的一个具体体现，在市场经济中，最基本的法则就是货币交换法则。货币其实是一个中介，它实现了全社会劳动和产品的交换。货币交换法则的核心是价格，一切资源向价格高的地方集中流动，这是社会资源的流动，也是经济资源向高效率部门配置的基本原理。

一般情况下，运用货币交换法则，用货币实现资源的交换是创业者获取自己创业所要资源的基本途径，这也是创业者应该遵循的市场经济法则。

懂得了这些，你就可以有效利用资源交换这张王牌。但前提是，你必须全面地了解和认识自己及交换对象手里能够用于交换的资源。

8.不花钱也能打广告

“创业”与“广告”之间存在千丝万缕的联系，想要卖产品就不能不打广告。对无本创业者来说，花钱打广告着实是个问题。那么，怎样做到免费宣传呢？这里我们介绍一种“借冕播誉”的方法。

说到“借冕播誉”，就不得不先来说说什么是“冕”。“冕”就是“皇帝”头上的帽子。我们这里讲的“冕”就是指记者、新闻媒体。现在人们把记者称作“无冕之王”，形象地说就是没有戴帽子的官，记者的地位由此可见一斑。某些产品一旦上了报、上了电视，影响就会非常大，能够引起社会的广泛关注。因此我们要借助新闻媒体的力量来为自己的创业计划做宣传，特别是做一些免费的宣传。

中国第一家“舍宾形体运动俱乐部”刚从俄罗斯引进到中国的时候，没有一个人知道“舍宾”是什么东西。如今“舍宾连锁俱乐部”已遍布全国各大城市。这家公司的老总当时只是个武术教练，没有什

么钱，算是白手起家，他的成功可以说是“借冕播誉”的典范。

面对创业初期的尴尬，他想：要发展“舍宾”连锁俱乐部，首先就要让人们知道什么是“舍宾”；要想全国人民知道什么是“舍宾”，那就只有做广告。什么媒体最好、影响最大？当然是中央电视台了。但是，中央电视台的广告费，几秒就是上百万元，哪有这么多钱呢？

于是，他绞尽脑汁想了几天几夜，还真想出了一个办法。

他对投资伙伴说：“我有一个办法做广告，不但不花一分钱，而且还能赚钱。”

他的投资伙伴都笑他：“天下哪有这么好的事？”

“有！”

“我把‘俄罗斯舍宾运动代表团’请到中国来做巡回演出。我在俄罗斯看过他们的演出，非常精彩。我相信，只要把俄罗斯代表团请到中国来演出，中国媒体肯定会宣传。到时候，中国一定会掀起一股‘舍宾’旋风。”

随后，他立即以国家体委的名义，向俄罗斯代表团发出了邀请。这次演出获得了极大的成功，很多城市的“黑市票”倒到了500元一张，各大城市媒体更是整版整版地争相宣传。“舍宾”这个名字一下子进入了千家万户。他不仅一次赚了几百万元广告费，还赚了几十万元的演出费。

“舍宾形体运动俱乐部”成功了。他的成功就在于巧妙地利用了“俄罗斯演出代表团”这个支点，利用人们好奇、喜新鲜的心理特点，以“在

各大城市巡回演出”为手段，扩大了“舍宾”在中国的知名度。他借别人之名、借别人这个“团”，既免费为自己打广告，又为自己赚钱。名义上是“炒作”演出团，实际上是为自己作广告，一举两得，实在高明。

通过制造轰动性事件引起媒体和社会的关注与追逐，为自己免费打广告，这是实现白手起家的另一种途径。古往今来采取此法者大有其人。尤其是网络媒体成为当今媒体市场上发展最迅猛、市场规模最大的宣传平台之后，总有一些最佳选择，你不妨也去试试。

第五章 变个花样再套狼

创业大潮风起云涌，创业形式更是五花八门，怎样才能在众多的诱惑中抓住消费者的眼球？这就要你开动脑筋，变个花样才行。

1.寻找自己的创业模式

5年前，刘涛下岗，开了一家杂货小店，刚开业时生意一直不景气，最惨的一次连续3天一件货都没有卖出去。如此经营了半年，刘涛的杂货铺不仅没补贴上家用，还欠了亲友好多债。

痛定思痛，刘涛开始思考生意惨淡的原因：自己开业之前，县城里已经有3家杂货铺，店铺大小、商品质量、商品种类相差不多，而且其他店铺都已经有相对固定的客户，自己的小店根本没有什么竞争优势。如何能使自己的店铺站稳脚跟呢？一日，刘涛看到一篇文章，讲的是在义乌一位企业家从创业起，一直坚持每卖一根针只赚一分钱。这篇文章给了刘涛极大的启示：薄利多销。从那以后，刘涛开始了他的只赚一元钱的销售路线。坚持了两个月后，他发现，虽然现在每件商品都赚得很少，但客流越来越大了，总的利润还是上升了，竟比以前赚得多很多。

无本创业

从刘涛这个例子中，我们可以得到这样的结论：想要赚钱，就要找到适合自己的盈利模式。无论是选择薄利多销，扩大销售量，还是走高端路线，高定价高利润，培养固定的客户群，或者选择其他的经营方式，都要首先根据经营环境和自己制定的长远战略确定创业模式。明确这一点，以后的经营方向才能明确。

然而，在实际操作当中，人们常常会有这样一个误区：好的创业模型就在于其独特和创新性，只要是别人没有想到的，或者现有市场各环节中没有的，就是自己的财富。其实不然，对一个创业者来说，一个真正好的模式应该是适合自己的，即其有能力操作而且能把现有的资源有效整合并进入的，在此基础上，才能实现真正的创新。

在竞争激烈的互联网时代，一个主意刚刚被你想到，可能就有成千上万的人同时想到了。同样，一个看起来有成功希望的创业模式其实同时会有好几百家企业在实践，但是最终真正将之成功运作的可能就只有一家。除了各个模式本身在实际操作的过程中会存在小小的有可能导致不同结果的差异外，真正起到决定作用的是各个公司的实际运作能力。打个比方说，建立一个面向家庭PC用户的虚拟娱乐社区，由联想来做和由一个学生团队来做，效果肯定是不同的。

这里讲到的运作能力、实际上还没有牵涉公司具体经营和管理过程中的问题，而仅仅是创业者可以开发和调动的资源，包括资本、渠道、客户等等。我们常常说“创业者应该做好自己最擅长的事情”，这里的擅长不仅仅是指能力上，更是指你所处环境的资源条件。在设计自己的创业模式

时，非常重要的一点是对自身以及环境的条件有一个客观的衡量，认清自己能做什么，在什么环节投入会取得最大的收益，而不是盲目地去模仿和追随别人成功的模式。

附：

下面是几种常见的创业模式，你可以根据它们的特点选择适合自己的创业模式。

【网络创业】

互联网改变了人们的生活，同时也提供了全新的创业方式。网络创业不同于传统创业，由于它门槛低、成本少、风险小、方式灵活，特别适合白手起家的创业者。目前网络创业主要有两种形式：网上开店，在网上注册成立网络商店；网上加盟，以某个电子商务网站门店的形式经营，利用母体网站的货源和销售渠道。易趣、阿里巴巴、淘宝等知名商务网站有较完善的交易系统、交易规则、支付方式和成熟的客户群，每年还会投入大量的宣传费用。加盟这些网站，创业者可近水楼台先得月。而且，网上创业受到政府的重视，给予诸多的优惠政策和措施。例如，上海现已在普陀、静安两区建立了电子商务创业园，为创业者提供优质的创业环境和服务。

选择此种模式，需要事先进行多方调研，选择既适合自己产品特点又具较高访问量的电子商务平台。

【加盟创业】

加盟创业的最大特点是利益共享、风险共担。创业者只需支付一定的加盟费，就能借用加盟商的金字招牌，并利用现成的商品和市场资源，还能长期得到专业指导和配套服务，而不必摸着石头过河，创业风险也有所降低。目前，连锁加盟有直营、委托加盟、特许加盟等形式，根据商品种类、店铺要求、技术设备的不同，投资金额从6000元~250万元不等，可满足不同需求的创业者。

但随着连锁加盟市场规模的不断扩大，鱼龙混杂现象日趋严重，一些不法者利用加盟圈钱的事件屡有曝光。你在选择加盟项目时要有理性的心态，不要被花哨的宣传所迷惑，而应事先进行充足的准备，包括收集资料、实地考察、分析市场等，并结合自身实际情况决定。

【兼职创业】

这也是现在比较流行的一种创业模式。很多头脑活络、有钱又有闲、想“钱生钱”又不愿意放弃现有工作的白领都会选择这种模式。因为此种模式可以充分利用在工作中积累的商业资源和人脉关系，实现鱼和熊掌兼得的梦想，而且进退自如，大大减少了创业风险。

但兼职创业需要在主业和副业、工作和家庭等几条战线上同时作战，对你的精力、体力、能力、忍耐力都是极大的考验，因此要量力而行。此外，兼职创业时，你最好选择自己熟悉的领域，但要注意不能侵犯受雇企业的权益。

【团队创业】

俗话说：“一个好汉三个帮。”一群人同心协力，集合各自的优势共

同创业，其产生的群体智慧和能量将远远大于个体。一个由研发、技术、市场融资等各方面人才组成，优势互补的创业团队是创业成功的法宝，对高科技创业企业来说更是如此。

但在创建团队时，你需要考虑各成员间的知识、资源、能力或技术上的互补，充分发挥个人的知识和经验优势，这种互补将有助于强化团队成员彼此的合作。一般来说，团队成员的知识、能力结构越合理，团队创业的成功性就越大。

【大赛创业】

这主要是针对想要白手创业的大学生而展开的一种新的创业模式。创业大赛移植于美国的商业计划竞赛，此类竞赛旨在为参赛者展示项目、获得资金提供平台。雅虎、网景等企业都是从商业竞赛中脱颖而出的，清华大学王科、邱虹云等组建的视美乐公司，上海交大罗水权、王虎等创建的上海捷鹏等企业也是创业大赛一手扶植的。对大学生来说，创业大赛是创业试金石，通过这个平台，可熟悉创业程序、储备创业知识、积累创业经验、接触和了解社会。

但此种模式中，撰写创业计划书非常关键，它是创业大赛的核心，决定了你的创业计划能否吸引投资商。一份好的计划书必须是完善、科学和务实的，如果你对目标市场和竞争对手缺乏了解，分析时采用的数据经不起推敲，那么很可能你的大赛创业只能是“纸上谈兵”。

【概念创业】

如果你具有强烈的创新意识但没有很多资源，那么你可以选择概念创

业。概念创业，顾名思义就是凭借创意、点子、想法创业。当然，这些创业概念必须标新立异，至少在打算进入的行业或领域是个创举，只有这样，你才能抢占市场先机，才能吸引风险投资商的眼球。同时，这些超常规的想法还必须具有可操作性，而非天方夜谭。

值得注意的是，创意不等同于创业，创业还需要在创意的基础上，融合技术、资金、人才、市场经验、管理等各种因素，如果仅凭点子贸然行动，基本上是行不通的。

2.别人玩过的，你玩就不灵了

创业之路常常比较艰辛，如果你只是跟随别人的脚步，生搬硬套别人的模式，经营市场上看似火热的产业而毫无自己的特色，那么很可能你的营业额平平，甚至当产品过热后你将血本无归。但是，如果你善于发现市场财富之源，正确制定经营决策，及时把握创业发展机会，就能使企业得到迅速扩张与财富增长。事实上,一些经营者在创业发展过程中独辟蹊径，财富自然滚滚而来。郑州张美英独辟蹊径开“聊吧”，因此成功创业，就是一个生动事例。

随着目前人们工作、生活节奏的加快，现在职场人士面临的压力很大，受了委屈、心情抑郁却不愿找家人倾诉，因为不愿意把痛苦转嫁到他们身上。去网吧、酒吧?这些场合不见得适合所有人。针对这一市场，张美英开设了一个以“聊”为主、餐饮为辅的服务项目，命名“聊吧”。“聊吧”店面100平方米左右，环境幽雅，适当摆放花草盆

栽，悠扬的钢琴响起的时候，客人自然心情放松。

其经营方式是：顾客自带聊友，“聊吧”提供一定的服务，按台收取服务费；或者由“聊吧”向顾客同时提供聊友和其他服务，收取聊友服务费和台费。“聊吧”以“基本工资+业务提成”的方式从大学校园和社会上招募一些素质较高的“聊友”，他们能与客人有“共鸣”。在此基础上，她推出了“顾客自助服务”，即顾客需要什么专业、什么特点的聊友，可以按照自己的意愿进行选择。开业后第三个月，“聊吧”的生意便有了较大进展。

张美英的宣传方式也很独特。首先，她跟郑州市某广播电台一档著名的晚间谈话节目联动，到节目中做嘉宾，并在节目中传递这样一个信息：限期向收听该节目，并有机会打进电话倾诉心情故事的听众赠送“聊吧”的免费服务券。这档节目是一个让听众倾诉的平台，定位与“聊吧”颇为相似，它的听众与参与者也是“聊吧”的潜在顾客。这一招果然灵验，一批听众陆续成了“聊吧”的座上客。第二招，利用报纸做免费的宣传。“聊吧”作为新生事物，自然会引起媒体的关注。张美英挨个向市内的媒体打热线电话。记者们闻讯而来，“聊吧”登上了好几家报纸的版面。第三招更绝。为了让顾客最大限度地释放自己的情绪，她推出了一项免费服务：在“聊吧”里设一个特定的聊天室，允许他们在雪白的墙上随意涂鸦，并且将所有内容拍照保留，作为纪念。这项服务一推出，顾客们纷纷在墙上留下了“手迹”，有留言、有祝福、有表白……很多人因此都成了“聊吧”的回头客。张美英凭匠心独运的经营理念，将“聊吧”开得红红火火，有

声有色。

张美英成功了，她的成功就在于能够紧紧抓住现在人们面对生活压力无处倾诉的心理，独辟蹊径打开市场，经营起自己的特色店铺——“聊吧”她率先捕捉到商机，生意自然兴隆了。

人们都有猎奇的心理，喜欢追求新鲜事物，如果你能开动脑筋，打破常规，发挥自己的优势推出新颖的产品，也一定会在创业过程中收到很好的效果。

中国有一句众所周知的歇后语：“麻布袋上绣花——底子太差。”这句歇后语除了讽刺做事功底不过关之外，还表示在麻布袋上绣花是一件异想天开、不现实的事情。麻布上真的不能绣花吗?有很多具有刺绣功底的人都曾尝试挑战这一歇后语，但大部分都因难度太高而放弃了。

出生于湘西自治州吉首市一个小山村的王湘玲，虽然只读到了高中毕业，但她有一门令人刮目相看的好手艺——刺绣。

在绍兴一家小服装厂里打工时，一次偶然的机会，工友提议让她充分发挥自己的才能，将手艺变成经济效益。王湘玲也觉得这是个好商机，于是向绍兴一位工艺美术师请教一般人绣不出来的“麻布绣”，又向父亲借了准备盖新房的3万多元钱，开始了自己的创业之路。

她的“麻布绣”图案严谨、虚实得当、疏朗大方、绣制针脚齐整，排线匀称，色泽光亮，原料、工艺、图案紧密配合，交映生辉，使得第一批刺绣产品一推向市场，就受到了年轻女性的热烈欢迎，20件麻

布绣坯不到半天时间就以令她满意的价格销售一空。

在口口相传下，王湘玲制作的麻布绣花饰品很快打开市场，不少顾客纷纷前来找她订购。“由于这些饰品价格不是很贵，又比较别致，所以市场接受度很高。”王湘玲这样说。

现在她的生意越来越好，很多国外的游客都慕名而来购买她的产品。由于制作时间较长，产品一度供不应求。

其实商海中机遇无处不在，就看你有没有捕捉商机的能力；创业方式也很多，就看你能不能“玩”出别人没玩过的新花样。创业不会随随便便成功，想要抢占商机，就必须给自己开辟一条别人没有走过的路。

3.学习别人的方法，灵活运用

学习别人的方法，就是对别人的好方法、好主意、好产品、好的运作模式采取“拿来主意”，将别人的成功经验用于自己的创业，也就是我们通常所说的“模仿”。但模仿不仅仅是照搬照抄，模仿是创新基础上的超越。蒸汽机的发明，是瓦特对小水壶热蒸气原理的模仿运用；卫星上天环绕地球运行，是对牛顿苹果落地原理的模仿创新。统计显示：创新是由80%～90%的模仿加10%～20%的创新组成的。学会模仿创新并灵活应用，才能让企业快速发展和壮大。

1992年初，邓小平南巡谈话以后，中国出现新一轮改革开放的浪潮。受邓小平南巡讲话的影响，政府的中低层官员中出现了一阵下海经商热。

当时，在国务院发展研究中心工作的陈东升除了做宏观经济研究外，还担任《管理世界》杂志的常务副总编。有很长的时间，他一直

在策划一个企业评价体系，想仿照美国《财富》杂志的模型，搞一个中国500家大企业的排行榜。也就在这个时候，当时的国家体改委出台了两个文件——《股份公司暂行条例》和《有限责任公司暂行条例》。他认为这两个条例“是中国企业发展变革的转折点”。原来他想创办企业，可是不知道从哪儿下手。但有了这两个条例以后，他就感到“可以募集资金，可以依据一种商业模式寻找投资人来投资”。

也就是在这一年的5月，陈东升辞职下了海。他在创业时，选择了在当时还是一片空白的拍卖业，在国内成立了第一家拍卖公司——嘉德拍卖公司。他回忆当时的情景时说：“那个时候就是满腔热情，当时都没有拍卖的概念，什么都不懂，只能到处去请教别人，还去香港把拍卖过程全程记录，回来大家一起研究。”在他头脑中一直有这样的概念“要做拍卖，就得像索斯比（全球最大的拍卖公司）一样，对这样的一流企业就要跟踪它、学习它、追随它。”事实上，他也是这样去做的。到了1996年，他的嘉德拍卖公司已经成为国内大型拍卖公司之一。

陈东升之所以能够成功，完全依赖于他卓越的创新模仿能力，能够发现市场空白和消费者的需求趋势，利用中国香港拍卖公司和索斯比公司的成功模式和经验，进行模仿、复制，打开并抢占祖国大陆这块空白市场。

同样，达因公司创始人张璨夫妇成功涉猎房地产，也是学习别人方法的结果。

张瑻夫妇在最开始从事房地产开发时，可以说完全是两个“门外汉”。他们在北京丰台盖了两栋高级公寓，房子虽然盖起来了，但是不知道怎样才能很快卖出去。碰巧，这时张瑻认识了台湾的一家专业售房公司，于是请他们全权代理，这下可让张瑻夫妇开了眼界。

他们发现，人家首先是认真做市场调查，做得很仔细，连潜在市场需求也要搞清楚；然后根据市场的潜在消费者，对两幢大楼进行包装定位，再培训导购小姐，设计展台展板。1994年，在北京首届商品房展销会上，达因集团以一个靓丽的名字推出自己的两栋公寓——“城市经典”，再配以“现代都市传奇，3万元成家立业”的广告宣传，加上“24小时热水，40多个电视频道，保安、巴士服务”等宣传用语，使张瑻那两个本来地点不好、并无优势的楼盘反倒成了抢手货，两个月就卖出80%。

通过这次代理，张瑻决心学习台湾专业售房公司的经验，复制他们的模式，成立了自己的房产公司和房地产咨询公司，并吸取其他公司地产销售的经验，创造了自己的房地产销售运营模式。从此，达因的房地产开发越做越多。

其实，很多成功的大企业最初都是从模仿开始的，一切都从原始状态开始，谁也没有那么大的本事。只有学习别人的好方法和经验，才能站在巨人的肩膀之上。

4.垄断创业新机遇

机遇难求，但真的有一个好机遇摆在你面前时，你是适时抓住，还是犹豫不决、再三权衡？其实我们都明白这样的道理：人要想有所成就，对自己决定的事就要立刻动手，不管是什么事。这样就能在相同的时间内，用同样的精力做更多的事情。立刻动手，不仅仅省去了记忆、记载或从头再干的工夫，还可以解除把一件事总挂在心上的思想包袱。在商机转瞬即逝的生意场上更应如此，唯有第一个抢占市场，垄断新机遇，才能在商海中立足。

很多人都知道中国义乌的小商品城，那里商品种类齐全而且价格低得惊人，圆珠笔几分钱，牙刷几分钱，电池几分钱。2002年，那儿的市场成交额突破212亿元，连续12年位居全国集贸市场之首。而如此庞大的市场却一直没有一个很好的网上交易平台！巨大的市场空间令无数的投资者和创业者趋之若鹜。在大家还没有付诸行动之前，义乌人

贾达达突破常规思维，决定涉足互联网，新开发了“小商品独家供货垄断运营模式”，利用网络掘得自己的第一桶金。

28岁的贾达达在开始互联网创业之前，和众多的投资者一样，也进行了周密的市场研究和投资分析。他认为这个项目的市场前景好，互联网服务提供商也不是很多，而义乌商人对于互联网交易的认识还不够。对于商人而言，义乌互联网服务市场存在巨大的增长空间，只要能够引导商人的理念，让他们理解和使用互联网做买卖，就可以赚到第一桶金。于是，首期投资5万元的“义乌国际小商品网”诞生了。在贾达达看来，义乌的融资环境好，只要网站有了名气，以后应该是不愁资金的。

对于义乌的商家来说，最苦恼的莫过于没有客户上门和等客上门，坐商已经不适应市场经济的需要了，而义乌的坐商还是构成市场卖方的主体；而对于做经销的采购商而言，最难的事也就在于花大力气才能找到便宜而优质的商品，这样采购成本太高。要在义乌这样的全国乃至亚洲最大的小商品集散中心找到自己满意的商家或商品也是一件不容易的事，刚刚知道义乌的外地商家不可能常驻义乌，去了解义乌的市场行情和商品动态。就算能够常驻义乌，也需要大量的开支来维持经营，小商品交易本来就是利润相对少的生意，如此就无利可图了。如果可以通过网络让采购商找到满意的厂家和商品，让生产批发商多一条销售渠道，而他们一年只需要多花数百元，这对于财大气粗的义乌商人来讲只是小菜一碟。

2002年5月，贾达达终于实施了自己的想法。他的“义乌国际小商

品网”的建设用了3个月的时间，那是跟一个外地程序员合作的产物，双方各占一半的股份。2002年8月，义乌国际小商品网开始正式运行，交易模式定位在B2B，实行会员制，并且有网络实名，这与现在流行的赢利模式是相吻合的。

按照新的思路，贾达达调整了网站的经营格局，原有的B2B暂时不放弃，但重点开始做B2C，即以网站的便利性和信息量为批量采购商服务。自己是义乌人，熟悉当地的市场分布和采购环境，可以成为某些大采购商的采购代理；网站的浏览量逐渐上升，该网站的身份变成“信息提供者和信息商品倒卖者”。网站浏览量很快超过2000人/日，许多客户开始委托该网站代理小商品采购。

就这样，贾达达成功地垄断了义乌小商品网上交易平台，狠狠赚了一笔。

创业者抓住机遇很重要，抓住机遇并能够实现垄断才是王道。只会跟在别人后面效仿成功创业模式的人，永远只能获得蝇头小利。

5.练就挖掘特色资源的火眼金睛

《西游记》中神通广大的孙悟空有着一双令人羡慕的火眼金睛，协助师徒四人一路识妖除魔。创业者在创业道路上也应该练就一双能够挖掘特色资源的火眼金睛，帮助创业者认识自己，发现自身优势并合理有效地利用身边的各种资源。

老子云："知人者智，自知者明。"尼采曾说过："聪明的人只要能认识自己，便什么也不会失去。"他们都在强调认识自己的重要性。自己的长处和潜能是最容易利用的资本。任何人都不是完美无缺的，成功的人在于能够克服自己的缺点，发挥自己的特长，或者把所谓的劣势转换成优势，这叫扬长避短或者化短为长。"小矮人"巨国从开烧饼店起家，到2006年4月，注册成立了重庆大郎饮食文化有限公司，并开始发展加盟店，就是把短处变成了创业的特色和优势。同样，只上过小学的松下幸之助通过发挥他的创新才能，不仅使创业起步成功，而且成了世界经营之神。可见，个人的长处和短处并不是绝对的，关键是你能否正确地认识、

发现自己的长处和短处，发现自己可利用的潜在资源。

一般来讲，弥补自己的缺点和不足固然是进步，但发挥自己的专长和优势资源更易创立一番事业，成才成功。李宁就懂得利用自身作为明星的无形资产，走上创业之路，成为一个卓越的企业家。

李宁退役后，他面前有两条路：要么当教练，要么做官员。但他抛弃了靠赞助创办体操学校的想法，在健力宝集团创始人李经纬的指导下，走上了搞经济来发展体育的道路。

李宁先是应李经纬之邀，加入健力宝公司，借健力宝的资金实力生产李宁品牌的运动产品，同时李经纬也借李宁的品牌提升了健力宝的价值。

开始，李宁主要分管公关宣传、市场策划、筹办运动服装厂等工作。他凭借经常出国比赛培养出的眼光和他个人的无形资产，提议并经公司认可，拍了一条由他亲自出演、富有冲击力和动感的健力宝广告片。广告片在中央电视台黄金时段播出后，引起巨大反响。这一年，健力宝的销售额增加了3000万元，李宁可谓出手不凡，旗开得胜。

紧接着，他着手筹备服装厂，但没有资金，因为当时的健力宝虽然名声显赫，但资金匮乏，抽不出钱来开厂。于是李宁心生一计，利用体操王子的名人效应吸引外资办厂。

李宁在李经纬的陪同下找外商游说，很快与外商签署了3份合作意向书，连李宁本人都没有想到事情进展得如此顺利。

不久，由新加坡康基实业有限公司出资，与健力宝公司共同组建的

中新(新加坡)合资健力宝运动有限公司正式成立，主要从事李宁牌运动装的生产经营，由李宁出任总经理。

资金问题解决了，下一步就要考虑怎样将服装品牌推向全国了。李宁想到了即将在北京举行的第十一届亚运会，想到了备受瞩目的亚运会火炬接力。

李宁再一次利用他的名人效应和公关能力，并用一种爱国情结感染了工作处的领导。经过谈判，最终健力宝以250万元人民币拿下了亚运会火炬接力传递活动主办权。

1990年8月，在世界屋脊——美丽的青藏高原，李宁作为运动员的代表，身穿雪白的李宁牌运动服，双手庄严地从藏族姑娘达娃央宗的手中接过亚运会圣火火种。整个亚运圣火的传递过程中，有两亿人直接参与，25亿中外观众从各种新闻媒体的报道中知道了健力宝和李宁牌运动服。从这一刻开始，李宁牌运动服真正横空出世了。

随着条件的成熟，1991年健力宝公司投资1600万元，建立了广东李宁体育用品公司，独立经营李宁牌运动服、运动鞋，并于次年年底分别在北京市、广东省成立3家公司，各自从事运动服、休闲服和运动鞋的生产经营。

李宁牌的系列产品也逐渐获得众多荣誉，李宁牌服装和运动鞋系列不仅被推选为中国明星产品，而且被评为中国服装行业十大品牌之一。李宁的公司成为全球第四、中国最大的体育用品公司。

李宁成功了，他的成功就在于能够认识自己，充分挖掘和利用“体操

明星”这一无形资产的价值，把个人特色资源的作用发挥到极致，促进了李宁公司从无到有、从小到大、从弱到强的快速发展。

另外，要打造特色，除了要学会认识自己以外，还要学会认识自己身边和社会上可以利用的特色资源，拿来为创业所用，这也是一种把资源变为创业资本的有效途径。比如生活在山区，虽然偏僻，但却有它很多独特的优势资源，如矿产资源、旅游资源、生物资源、山村历史文化资源等。甚至在一些特殊的条件下，普普通通的水资源也可以成为发家致富的“特色”资源。

美国巨富亚默尔少年时只是一名小农夫。17岁那年，他受淘金热影响，像许多人一样，历尽千辛万苦，加入了淘金者行列。

美国西部山谷气候干燥，水源奇缺，令寻找金矿的人最感到痛苦的就是没有水喝。他们一边寻找金矿，一面骂街：

“要是有一壶凉水，老子给他一块金币。”

“谁要是给我狂饮，老子给两块金币。”

说者无意，听者有心，在一片“渴望有水喝”的吼声中，亚默尔心有灵犀一点通。于是，他退出淘金的“热”潮，放弃挖金念头，由挖掘黄金变为挖水渠。

亚默尔雇了几个人挖水，一铲一铲，他终于把河水引进了水池，经过细沙过滤，变成了清凉可口的饮用水。

一见亚默尔担着水桶、提着水壶走来，那些唇下舌燥的淘金者蜂拥而上，金币一块块投入他的怀中。

有人嘲讽亚默尔："我们跋山涉水是为了挖到金宝贝，你要是只为了卖水，何必到加州这个地方来呢?"

面临冷嘲热讽，亚默尔泰然处之。后来，许多淘金者相继离去。亚默尔则以卖水奠定了发展基石。

数年后，亚默尔成了富翁。

亚默尔是一个聪明的经营者，他能够及时发现需要，把最普通的水资源变成了当地最奇缺的特色资源，因此抓住发财的机遇，为自己日后创业积累重要资金。相反，一些经营者对身边的有利资源司空见惯、熟视无睹，即使身在宝山也不识宝，结果白白错失很多创业良机。

怎样才能搞好特色资源挖掘呢?

首先，挖掘特色资源，必须坚持以市场为导向，进行资源的整合。特色资源作用的发挥要通过资源整合这个桥梁，它包括无形资源和有形资源的整合、无形资源各要素之间的整合、有形资源各要素之间的整合。各种整合都应该遵循市场需求的原则，通过整合创新所形成的物质产品和服务产品，都要以最大化地满足消费者需求、服务消费者为宗旨，整合的效果要以市场的认可度为标准。

其次，要坚持因地制宜、因时制宜的原则。特色资源作用的发挥受社会环境和条件的制约，它需要借助一定的平台与其他相关生产经营要素相结合。特色资源作用的挖掘和利用程度还与一定的气候条件密切相关。因此，特色资源的挖掘必须审时度势，寻找最佳结合点和时机。

最后，要从特色资源中优选出最有价值的部分，作为挖掘的重点，同

时要向挖掘的广度和深度进军，既要纵向挖掘又要横向挖掘，把资源挖掘的专注和多元化服务的拓展结合起来。

6.使自己成为媒体的“宠儿”

如果能让自己成为媒体的“宠儿”，那么对自己的创业势必大有益处。也许你只计划在一个地区经营你的企业，但考虑一下全国性宣传也许会出现意想不到的机会，你所在地区的媒体可能因此增加对你的关注，企业增加了发展潜力，一些想要与你合作的人可能会主动接近你。几年以前，美国一位有魄力的妇女为她经营的小狗粪便处理公司做了一个较好的宣传，从而不用再向全美的客户推销她的计划，却使她的公司在全国家喻户晓，也因此带来了丰厚的利润。

那么怎样以吸引媒体注意的方式来宣传你自己及你的企业呢？以独轮脚踏车网络公司为例，来看看约翰和艾米是怎样精心策划几种不同类别的媒体宣传方式，以满足不同观众需要的。

1.地方报纸。约翰在地方报纸上宣传了他的一件事：为了实现成为创业者的夙愿，他是怎样放弃在IBM公司的终身职务的。当他认识到难以找到一辆独轮脚踏车来替代自少年起就使用的独轮脚踏车时，他决定销售这

种车。

2.早晨的广播节目。利用早晨驱车时间段的广播来做宣传，需要一种轻松愉快的方式。约翰和艾米让无线电台以他们公司的名义送给一位来访者一辆独轮脚踏车，如果这位来访者提出关于这个问题的一条好建议：请听众考虑在骑车时，一位独轮脚踏车的骑者空着的那只手能够做点什么——也许拿着一张报纸、一杯咖啡或一部手机。

3.全国性的报纸。除了宣传独轮脚踏车网络公司创立和成功背后的故事外，约翰和艾米还利用健康天使来吸引一份全国性报纸的注意。研究表明，与骑自行车的人相比，骑独轮脚踏车的人全身的活动更充分一些。

4.全国性的电视节目。一个故事可能是以上几种创意的结合。独轮脚踏车者的游行队伍构成一道亮丽的风景线，这是需要电视来宣传的。

约翰和艾米的精心宣传满足了不同观众的需要，公司迅速走红，收益自然不错。你在做企业宣传的时候，也要花费一些时间努力找出类似的方式，把企业的宣传定位于不同类型的媒体。可以试验一些特别的创意或更适度的创意，直到你对怎样引起媒体注意有一个较好的感觉。

怎样宣传企业才能更成功呢？著名电视节目人苏珊·哈罗是这样说的："宣传一个热门话题。永远都不要宣传你自己或你的产品，而要宣传有新闻价值的东西，例如一个迫切的全国性的问题，一个有争论的话题，一个你有解决方案的问题，或者一种被拆穿的荒诞的说法。"这样既不会给观众带来抵触心理，又有助于他们接受你的信息，进而了解你的企业和产品。

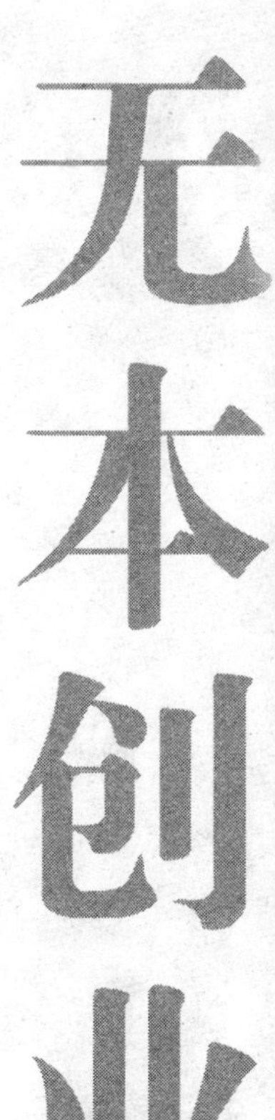

另外，你还可以采取联合开展宣传活动的方式。即使是一项小规模的活动，也可能使你的企业引人注意。在这种宣传活动中，你可以与其他企业联合，从而产生更好的效果。比如快速浏览一下当地报纸的食品板块，发现有哪个区域食品节即将开展。你可以和相关企业联合策划，引起人们的注意，在市场上产生较大影响，从而赢得客户，赚取利润。

除了寻求活动宣传外，你也可以围绕自己的企业建立口头宣传方式。在过去，口头宣传已经取得巨大的成效。

要围绕你的企业建立口头宣传方式，你必须能够利用自己的客户中有影响力的人物。找到趋势的建构者，让他们与你交谈。比如，近期上海一玩具制造商新开发出一种专为男孩设计的手动游戏产品，在投入市场期间，这家制造商邀请了那些认为自己最棒的学生。制造商一收集完这些“最棒学生”的资料，就让这些孩子们免费使用它的样品，并教他们如何玩这种游戏。这种口头宣传方式很快取得了很好的效果，生意火爆。

你也可以为自己的新企业这么做，与舆论制造者联系，给他们免费样品或让他们较早到企业内部看看你的计划。与他们分享产品、在企业正式营业之前就带人来浏览并分发样品，这是建立口头宣传与形成顾客预期的方式。

但要记住：口头宣传方式是一柄双刃剑。如果有影响力的人喜欢你做的事，那么他们就能帮你建好企业；相反，如果这些人对你的企业没有留下什么好印象并到处说，那么他们就会毁掉你的企业。

7.把概念创业点子变成财富来源

现在很多人都说："一个点子就能造就一个企业。"的确，概念创业有时有着四两拨千斤的神奇作用。但成百上千的想法、难以计数的灵感就像沙子一样，你如何才能从中淘出金子般的创业设想?

当许多人还在为没资金、没技术而大伤脑筋时，有那么一群梦想家凭着敏锐的市场嗅觉和新奇的商业创意，从普通创业者摇身变成了日进斗金的创业家。

网络创业是个前所未有的崭新概念，而且投资可大可小，因此依附于网络的第一波新兴事业几乎都符合"概念创业"这个定义。例如，第一家网络书店亚马逊、第一个搜索引擎网站雅虎、第一个拍卖网站易趣等，这些成功案例使"概念创业"浮出水面，让越来越多的创业者意识到，一个一闪即逝的灵感也能成为梦开始的地方。

网络固然是用创意发财的绝佳舞台，却不是唯一渠道，我们每个人周遭，俯拾皆是创业商机。30年前，美国人弗雷德·史密斯凭着一个想

法——隔夜传递，被风险投资家看中，创办了“联邦快递”。日本有个妈妈看到卧在病床上的孩子每次用吸管喝水时都要艰难地低下头，心疼之余，灵机一动发明了弯曲式吸管，并申请专利而上市大发。另外有个日本人，发现都市小孩很喜欢养一种叫独角仙的昆虫，却苦于不知上哪儿抓虫，“虫虫贩卖机”事业就此开张大吉。世界各地这样的创业例子不胜枚举。

当然，创业本身就是个危险游戏。绝大多数的概念创业者都有概念被抄袭的担忧。因此，如何在创业之初设计一个有自我保护作用的进入门槛，值得创业者深思。

那么，何谓概念创业？概念创业，顾名思义就是凭借创意、点子、想法创业。当然，这些创业概念必须标新立异，至少在打算进入的行业或领域是个创举，只有这样，创业者才能抢占市场先机，才能吸引风险投资商的眼球。同时，这些超常规的想法还必须具有可操作性，而非天方夜谭。概念创业适合本身没有很多资源的创业者，需要创业者通过独特的创意来获得各种资源，包括资金、人才等。

在创业者看来，概念创业由于涉及创意、想法等，有些虚无缥缈，甚至无从入手。其实，概念创业只是一种全新的提法，而作为创业模式，它早就在许多创业成功案例中存在。

贝尔饭店的总经理罗维利用自己独特的想法，首创了“空中浴池”，很快轰动了旅游界。罗维的成功引起了同行和记者的浓厚兴趣。他们纷纷追问他的经营诀窍。罗维只是简单地说了一句：“满足

人们的好奇心和提供最佳的服务。”

原来，罗维突发奇想，请电力建筑部门在饭店旁的两座山之间安装离地近300米高的电缆，电缆上悬吊着一个个小型的浴池，用电缆车将它们连接起来。使用时，只需操纵电钮，小型的浴池随电缆车上下飞驰。每个空中浴池可容3人，8个浴池一次可载客24人。

客人泡在深池中，一边洗澡，一边居高临下饱览湖光山色，使人不觉产生一种飘飘欲仙、人间天堂的无穷雅趣，难怪生意红火。

这是最好玩也是风险最高的一种创业模式。它通常是创业者无意中心血来潮的结晶，创业初始会受到很多调侃嘲弄，禁不起考验的就会如昙花一现，很快销声匿迹；而那些坚持下来并积极把想法转化成实际者，往往有着抢占先机的优势。

19世纪50年代，加利福尼亚一带曾出现过一次淘金热。年轻的犹太人列瓦伊·斯特劳斯听说这件事，赶去的时候为时已晚，淘金已到了尾声。他随身带了一大卷斜纹布，本想卖给制作帐篷的商人，赚点钱作为立足的资本到了那里才知道，人们不需要帐篷，真正需要的是结实耐穿的裤子，因为人们整天同泥和水打交道，裤子坏得很快。于是，列瓦伊·斯特劳斯抓住这一契机，生产出第一批耐穿的牛仔裤，没想到销路甚好，而且促成了一次服装革命。

每个人在日常生活中都会碰到或大或小的恼人问题，有人埋怨几声就

息事宁人，有人则从自身经历或朋友的困境中发现商机。一些创业者能一针见血，抓到问题所在，并且脑筋急转弯，想出解决问题的妙方，成功机率极高。

马化腾原本只是一个“超级网虫”，如今却拥有了一家注册用户超过2亿的网络服务公司，如此巨大的转变只是源于突发奇想：在网上“寻呼”朋友。这就是如今最流行的通讯方式——QQ，它的世界创业实验室（elab.icxo.com）功能就如日常生活中的寻呼机，但以网络为载体，使用起来更方便，而且可漫游全球各地，因此被形象地称为“网络寻呼机”。一个“拷贝”过来的想法改变了上亿人的沟通习惯，引领了一种新的网络文化，更创造了一种新的盈利模式。

异业复制的好处是有范本可循，不必瞎摸索，但不同行业的经营模式是否能移花接木、浑然天成，是智慧大考验。创业者需要举一反三，联想力高，反应迅速，才可以把另一个行业的原创概念复制到一个让人想不到的行业。

广州东利行公司总经理贺志军，从美国迪斯尼公司的成功中看出了卡通形象蕴藏的巨大商机，于是与腾讯公司签署了为期7年的QQ形象标志有偿使用协议。他了解到：其实QQ的注册用户超过8600万，用户以年轻人为主，他们对时尚产品的购买力极强。于是，“东利行”提出“Q人类Q生活”的卡通时尚生活概念，开发漫画、精品玩具、手

表、服饰、包袋等10大类约1000种带QQ企鹅标志的产品，并在全国各地开设了100多家连锁店。

如果你不是点子王，也不擅长举一反三，但是见多识广、洞察力强，经常出国旅游或浏览国外资讯，那么把国外的新鲜点子搬回故乡也是一种办法。运用这种取巧做法要注意文化差异，以免好点子水土不服，橘逾淮为枳。因此，赋予概念本土化精神最是上策。

8.从负面信息中挖掘商机

当市场需求很大、商机也很明显的时候，创业者们肯定对这样的创业项目趋之若鹜。相反，市场需求很大但商机还没有显现时，急功近利的创业者们就会因为负面信息的影响而失去创业的激情。

所谓负面信息，就是表面上看来不利于创业的相关信息。事实上，很多创业者不但不回避这样的市场，有时甚至还会主动寻找这样的负面商机。因为所谓危机，就是“危险”中的“商机”，创业者只要把握时机，做好充分的准备，瞄准市场需求，同样可以一击即中。

20世纪50年代末期到60年代初，随着中国香港商业的迅猛发展，李嘉诚意识到香港地产业将有着良好的前景，便决定将投资重心转向经营房地产的物业上。

1965年—1967年，连续几次意外事件严重动摇了投资者的信心，整个香港的地价、楼价处于有价无市的状态，建筑业的活动完全停顿。

许多人纷纷低价抛售房屋，远走他乡，香港陷入最严重的房地产大危机。独具慧眼的李嘉诚意识到，千载难逢的机会来了！

李嘉诚不动声色地将工厂利润和物业租金换成现金存放，并通过不同渠道收集有关信息，不紧不慢、胸有成竹地用现金以最低的价格收购那些急于将物业脱手、急需现金乘船而去的“有识”之士的地皮和旧楼。

这样，到20世纪70年代初期，李嘉诚已拥有数万平方米的楼宇，以一种稳固的姿态开始崛起于地产界，为他以后成为地产之王、称雄商界打下了坚实的基础。

能够从负面信息中挖掘商机，是李嘉诚走向成功的秘诀之一。相反，那些不注重信息，不能用发展的眼光看问题的人，代价却非常惨重。

每一位创业者都可能遇到市场低迷或运气不佳的时候，但有的人能够逆势成功，有的人却失败了。其原因就在于，那些失败的人没有看到逆境时创业的优势。其实逆境创业也是有很多好处的，比如：

竞争对手会更少。至少不会有太多的公司有足够的决心和资金撑很久。

大公司会把主要精力放在现有的主营业务上，这样就会给瞄准新的潜在蓝海的创业公司更多的时间和机会。

可以用更少的钱雇佣到更出色的人。当初谷歌就是在泡沫的时候雇到了很多很出色的失业程序员。

融资虽然困难，但对精明的投资人来说，低谷是最好的投资机会。因为用更少的钱可以换回更多的股票，而这些股票到将来经济复苏的时候会

换来更大的价值。

困难的环境更加能够磨练人和公司，至少不会让人浮躁，而是更加专注地创新和赚钱。

创业成本低的淡市期间，场地租金低，人工成本也低。

政府一般会推出优惠政策，帮助一些下岗工人、失业人士创业等。

很多伟大的公司都是在经济萧条的时候破冰而出的。比如20世纪70年代中期的微软，互联网泡沫时期的谷歌和百度.

另外，在逆势中创业，了解下面两点内容也许会给你很大帮助：一是市场导向的大气候是市场消费萎缩，但有关民生的消费品不会减少；二是在初期创业时最好选择自已最有兴趣或是最擅长的行业，因为在你遇到经营上的困难时，可能兴趣能帮上不少忙。

第六章 小心狼窝里的狼

对于初次创业者来说，一切都是未知数，想要“套狼”，就必须小心狼窝里的“狼”。本章将告诉你如何才能避开创业误区，警惕创业陷阱，帮助你在创业过程中少走弯路。

1.要第一个登陆市场吗?

在创业过程中，很多人都有这样一个误区，觉得只要自己的产品能在别人之前抢占市场，就会在市场竞争中独占优势。其实，这是一个错误的理解。先进入市场并不能说明任何问题。

我们都知道占领市场的时机很关键，特别是在高速发展的高科技时代，但是抢占市场和第一个到达市场不是同义词。因为第一个到达市场是一种不可持续的优势。还记得网景公司的浏览器早于微软浏览器多长时间上市了吗？再看看现在大家用的都是什么浏览器？

此外，许多创业者后来才明白，他们为了保持第一个到达市场的优势，仅仅是建立了一个不可持续的开支结构。

相反，一个有趣的现象是，很多第二批、第三批进入市场的企业却能成功赢得市场。这是什么原因呢？这里，我们需要介绍一种“第二者胜”现象。“第二者胜”现象是指在某一领域内，后进入的“第二者”往往可以超越“第一者”，一跃成为该领域的第一名。

加拿大电脑神童、Cyberteks网站的行政总裁佩里斯在被问及他的经营之道时说：“在网上找到最好的网站，然后想法子比它做得更好。”这就是他的制胜法宝，也是“第二者胜”现象的具体表现。

对许多成功的企业分析后，我发现，能够成功赢得市场的，绝大多数都是后发制人的，而不是第一个登陆市场的企业。这样的例子我可以举出更多。如：

1993年，留美学者姜万勐、孙燕生将MPEG图像解压缩技术应用到音像新产品上，制造出世界上第一台VCD，并斥资在安徽建立万燕电子系统有限公司，为中国人开启了家庭影视的时代。但是在20世纪90年代中后期，VCD市场相当成熟的时候，占据VCD大部分市场的是爱多、步步高、新科等新品牌，而并不是万燕。

在第一代MP3出现之后，iPod突然杀出，凭硬盘MP3概念以及精妙设计等优势，一举成为MP3领导品牌。

在牛奶行业，伊利第一个登陆市场之后，蒙牛随之出现，并发展迅速，利乐枕牛奶、“神五”、“超女”、特仑苏……几个回合下来，蒙牛以纯利润7.27亿元领先伊利。

在谷歌进入中国市场几年以后，百度突然杀出。百度根据谷歌不重视中国市场这一特点，有针对性地推出一系列举措，从而一举夺回之前由谷歌占领的搜索领域龙头老大的地位。目前谷歌已撤离中国内地市场，更显示了百度的全面胜利。这样的例子还有很多。

那么，为什么会出现这种“第二者胜”现象呢?这是因为：第一个登陆市场的品牌已经把局面打开，让消费者接受了该品类概念，促成了市场

的成熟；而“第二者”进入时，往往是市场成长爆发期，成长空间巨大。“第一者”在登陆市场时总会有很多方面不成熟，而“第二者”可以根据“第一者”的缺点，有针对性地设置战略，从而出乎意料地胜出。

企业如此，个人创业亦是如此。想要白手起家，就要好好利用这“第二者”身份，借用别人的成熟模式和产品，抓住时机发展自己，这样也会让你少走弯路，达到快速发家致富的目的。

2.要想辨别真假，就要亲自查一查

大家都知道，创业是否能够成功，有一半因素取决于项目的选择。为此，一些招商广告通过网络、电视、杂志铺天盖地地袭来，为满足人们各类需求的行业门类也层出不穷，加盟代理更是鱼龙混杂，且有愈演愈烈之势。

客观地评价这些创业项目，有的确实帮助一部分人获得了创业的第一桶金，从而走上良性创业之路。然而也有一部分虚假的招商和致富信息混在其中，致使许多想要创业的人损失惨重，甚至倾家荡产。

小娟很想自己创业，无意中在一本杂志上看到，我国一知名演员代言的某品牌服装征招各地代理商和加盟商。看到是自己偶像推荐的，小娟对该服装品牌产生了信任。于是，小娟变卖了自己的房产，交纳了一部分费用并与该品牌签订了加盟协议，买下了该品牌的省级代理权。她随后开始在当地投入资金，作为门店租赁、装修、雇工等费

用。但让小娟没想到的是，她的悲惨命运自此拉开了帷幕。

加盟后，小娟选购的服装迟迟没有发来。打电话过去询问，招商总监说，服装已经被其他代理商抢购走了，厂里没货。

经过一遍遍的催促，十多天后，小娟终于收到了该公司发来的一批货。可打开一看，服装款式不仅不是她所订购的，而且都是几年前流行过的。那些服装不但做工粗糙，布料质量也很低劣。再打电话过去，对方要么就说小娟选购的货已被其他代理商抢购，要么就像这次一样配送来一些劣质服装。

无奈之下，小娟只有给该品牌服饰公司的总裁打电话。经过协商，总裁许诺在小娟所在省区的主流媒体上投放巨额广告作为补偿。可小娟一等好几个月没结果，只能又去找到总裁，总裁却说，他们只想投放2000元的广告费。后来小娟才明白，这是他们使用的缓兵之计，有意推托，想让她主动退出。

小娟的爱人发现他们辛苦十多年积攒的钱全部被骗走了，一气之下与之离婚。小娟抱着年幼的儿子一次次追讨被骗的巨额代理费，可那边的负责人不是躲着不见她，就是对她进行恐吓和威胁。为此，小娟已是心力憔悴。

小娟的例子很具有代表性，这样的事情我们也会时常在电视、报纸或者身边听过、见过。有很多人都不理解，为什么国家公开发行的报纸杂志和电视台敢刊登这类虚假广告呢？这是因为，这些公司大多经过正规注册，手续齐全，出现问题时，工商、公安部门往往无法追究他们的违法行

为，最后也只能以经济纠纷定性。所以我们在创业投资前一定要擦亮自己的眼睛，必要的时候不妨亲自查一查，以免像小娟一样上当受骗。那么这些公司都是靠什么手段来盈利的呢？

首先，这些连锁加盟类项目一般都集中在北京一带，如服装、食品、快餐行业等，在首都北京面向全国招商加盟，这样就更容易给加盟商一个安全的假象。

其次，这样的公司通常喜欢玩的一个把戏就是展示一个漂亮的样板店，这在一定程度上增加了对投资考察者的诱惑力。很多人一看公司规模这么大，样板店这么漂亮，再受一些招商人员的言语和许多“加盟托”造成的一种加盟火爆的假象诱惑，上当受骗就难免了。所以，你看准一个加盟店后，不妨多去考察几次，并通过一些渠道对该公司进行侧面了解。

另外，现在工艺礼品、玩具、饰品的生产厂家大多集中在广州、义乌一带。广州的产品新奇时尚，义乌则是大众化玩具、饰品、仿制品的集散地。这些加盟公司的产品大部分都是从广州、义乌引进的，他们以小部分新奇时尚的产品作幌子，而大部分都是极低价格兜来的库存货，你在加盟的时候也一定要看清楚了。

总之，这些加盟公司的运作手法说白了就是靠卖给加盟商产品赚钱，他们手中有的只是产品，而所有的店面租金、装修、铺货、人力、物力资源支出都是加盟商自己的，一旦经营不善，根本找不到加盟公司的相关责任，只能自认倒霉。所以，想要加盟这样的连锁店，你一定要先辨其真假，亲自查一查才行。

3.市场确认是关键一环

很多创业者为了尽快进入市场，简单评估后就开始投产运营，导致推出的产品没有销路。为什么会出现这种结果呢？因为他们忽略了市场确认这一关键性的环节。盲目投产很容易导致产品不对路。如果创业者的产品不对路，必然会遭受巨大损失，最后不得不转向投资人，寻求更多的资金投入，如此一来，也会大大影响投资人的投资信心，会令他们削减投资份额，最终影响恶劣。

这类创业者的创业模式一般大致如下：

利用筹来的资金组建一个创业小组，租一处办公场所，然后着手进行产品的设计和销售。

产品累积到一定数额后，设法把自己的方案推向市场。

由于产品不适应实际的市场需求，不得不从一些对产品不满意的客户那里收集反馈信息，然后重新改造产品。

用一两年的时间，又积累了一定数额后，将改造的产品投向市场，最

后产品被淘汰或转型成功。

大致就是这样一个过程。显然，这种模式是行不通的。如果采用此方法，创业者就会延误客户真正需要的产品的上市时间。在努力完成“成功转型”的过程中，创业者将面临失去早期客户的风险，同时，公司的名声和信誉也会受到损害。这无疑等于自掘坟墓：当创业者不得不一次次向投资人寻求帮助时，投资者拥有的公司产权越来越多。到最后，创业者将面临连公司一起失去的危险。

正确的做法是，在你制定创业计划、壮大团队、寻求重要的资金支持之前，特别是在进行产品设计之前，要一丝不苟地进行市场确认。要对市场进行深入透彻的调查，收集资料，找出客户的真正需求，并在实施过程中建立起客户信任度。具体来说，需要注意以下内容：

1.首次投产就生产出适销对路的产品。随着产品的批量生产，你有更多的机会迎合客户的喜好。与那些未经市场确认就盲目生产的产品相比，你的产品相当于它们的第二代或第三代。

2.发展测试产品的客户群。这需要你在市场确认的过程中发展一批测试产品的客户群。他们会帮助你们公司设计出满足市场实际需要的产品方案。

3.确定一个更加广泛的潜在客户群。在销售产品时，要预先制定访问名单，以便进行前景预测。这样你就知道谁对这种产品的需求最迫切，也知道哪些市场有可能产生新的客户。

4.筹集“智慧”资金。利用在市场确认中得到的重要信息，找到一些

可以为你追加投资的投资人，当他们遇到问题时，从你的客户反馈和实际经历中帮助他们找到解决办法，他们为此会很乐意向你投资。

5.有效利用资金。花费一定数额的资金，用于前期市场确认，这样要比经过多次产品投放才确定市场有效得多。

6.更加清楚地认识竞争对手。在市场确认过程中，要对正式的竞争进行分析。因为在这个过程中，客户会告诉你竞争对手是谁，问题该如何解决，怎样才是正确的解决方案，还有哪些人在从事这方面的研究，以及当前客户自己是如何用一种类似方案临时解决这些问题的，等等。

只有把市场确认当做重要的一环来做，才能有的放矢，以有效的资金获取更多的财富。

4.研究市场，跟上市场的变化

创业必须以市场为导向，能够未雨绸缪、预测市场发展的趋势、满足客户需求，才能发现商机，取得成功。

日本是一个弹丸小国，资源匮乏，但是为什么能够自20世纪80年代以来就一直稳处世界第二经济大国的位置呢？日本企业家的经营之道就在于能够始终把精力集中在研究用户和研究市场上。下面是日本企业家未雨绸缪，研究中国市场的故事：

20世纪60年代初期，因为我国缺石油，全国各城市的公共汽车上都有一个“大煤气包”。一天，日本人通过我国《人民日报》刊登的北京公共汽车上不再有“大煤气包”的照片，马上就分析出中国可能找到了大油田。接着，他们又从《人民日报》刊登出的大庆铁人王进喜扛着钻井部件行进在风雪中的照片，以及从照片上依稀可见的火车站名“萨尔图”中，准确地推断出大庆油田在东北松花江平原人迹罕至

的地带。后来，他们又根据《人民日报》上一幅钻机的照片算出油井的直径，再根据政府工作报告算出油井的产量。

就是这样，他们把陆续拣来、拼凑起来的信息连在一起，竟勾勒出中国石油开采业的发展状况及对设备、技术的要求。他们又估计在高寒地带开发大油田，原油外运困难，要就地提炼，就地进口此类设备。根据这一判断，日本厂商迅速做好了生产成套设备的准备。

4年后，当我国成套设备在国外进行招标时，在许多外国石油厂家茫然无知、无丝毫准备的情况下，日本一家企业轻松中标。

从这里可以看到日本人做买卖精细到什么程度，他们的取胜之道在于未雨绸缪、预测市场发展趋势的意义。

在创业的过程中，创业者应该看清现在的市场需要，并从各方面掌握的一些蛛丝马迹和信息中预测将来市场的需求。不仅如此，一旦市场发生变化时，创业者还要能够根据变化后的情况随时做出调整，切不可慌了手脚，否则必然损失惨重。

江苏一家乡镇企业在经过严格调查和慎重考虑之后，终于选准了棉花加工这一投资项目，踌躇满志地着手兴建。一切工作都按计划进展得很顺利，但项目进行到后期，却遇上国家对纺织业的结构进行调整（压锭），棉纺市场一时趋于疲软。该厂领导因此惊慌失措，急忙将项目转让。就在他们刚刚以低价将该项目转手后，戏剧性的一幕出现了：随着国家对纺织业结构调整的步伐深入，棉纺织市场发生了强烈

的反弹，接手该项目的投资者迅速将项目完工，因此大赚了一笔。

市场瞬息万变，创业者必须要有良好的心理素质，能够时刻保持良好的心态，冷静分析，判断市场变化是长期的，还是暂时的；是政策性的，还是市场性的。惊慌失措只能导致决策失误，决策失误又必然导致创业失败。创业者在创业之前，就应该对市场和政策的各种变化做出预测，并能够根据出现的新情况有针对性地应变，唯有这样，才能保证创业的顺利进行。

5.选择合作伙伴要慎重

创业期间的合作伙伴很重要，尤其是无本创业者，大多不会单枪匹马。寻找合伙人，你可要慎重。

在合作过程中，难免会涉及控制权的问题，合作双方都想说了算，都想当“主人”，但主人不是谁都能当的，更不是谁都能当好的。当家做主意味着更多的付出和更大的责任。一些初期创业者在寻求合作伙伴时一心追求话语权，于是故意放弃一些实力强的合作者，去选择那些实力相对较弱的。其实这是一种误区，因为实力较弱的合作伙伴很可能在你需要时不能给予你及时和有力的帮助，而强大的潜在合作伙伴却步不前、弃你而去，将使你丧失更多的机会，甚至遭受惨重的损失。

一家知名造纸厂放弃了与许多大企业及颇具实力的投资机构合作的机会，决定与一家小型企业洽谈合作，共同投资一个新项目。

谁料在合作项目接近尾声时，突然出现一个意外情况——该工程的

排污项目验收不合格，需要再投入一笔资金进行改造。这家造纸厂向合作方提出共同承担排污项目的改造资金，对方却向他们道歉，表示自己做这一项目已经是勉为其难，再拿出更多的资金已力不从心。造纸厂只好转向银行寻求贷款，但所贷到的资金远远不够。无奈之下，只好再次寻求其他的合作伙伴来解决资金难题。新找到的合作伙伴希望该厂原来的合作伙伴退出该项目，而后者则坚决不肯退出。三方僵持不下，最后造纸厂只好忍痛放弃了这一项目。

从上面这个案例我们看到：盲目要求主控权，不懂得尊重合作方的意见，遇到问题不能从大局着眼、求同存异，最后只能使双方利益受损。所以，你在创业初期，在以股权融资的时候，一定要考虑双方力量的平衡问题。不能一心想着“制住”对方，同时也要随时警惕被对方“制住”。

几个想要创业的年轻人决定自主创业。他们看好了一个市场的投资项目，但因为自己经济基础薄弱，不得不寻求投资伙伴，以求利益共享、风险共担。经过多方考察，他们选择了一家极具实力的大型企业，对方为这一项目投入了大量资金，同时也占有大部分的股权。资金问题解决了，但是经营、管理、人力等诸多问题却达不成共识。由于对方是大股东，根本不按这几个年轻人的思路运作，结果项目失败，还挫伤了几个年轻人的创业信心，使其在破产的边缘徘徊。

这次创业失败的原因就在于几个年轻人抱着“大树底下好乘凉”的想

法，单纯以为只要有了资金，其他问题都好解决。而事实上，由于合作伙伴过于强大、揽权，几个人虽有想法但很难有机会施展才华。

由此可见，谨慎选择合作伙伴非常重要。合作伙伴们必须有一致的经营理念，要对“把企业做成什么样”达成共识。如果只是单纯资金上的合伙，一定考虑合作伙伴的实力，如果经济基础很薄弱，那么他们对商业风险的承受力也会很差，对短期盈利的期望值太高，会给企业经营带来压力。而技术、管理上的互补是比较好的合作模式，一个技术方面的专家与一个富有管理经验和理论的人合伙，公司的经营会产生很好的效果。还有一点很重要，合伙人之间一定要绝对诚信，相互信任，有足够的包容和无私的精神。必要时要能够求同存异、克己从人，这样才能争取双方利益的最大化。

6.不要轻信任何人

万通集团董事局主席冯仑曾说：民营企业跟梁山的组织机构很像，大家目标一致后，事业一开始就是“排座次，分经营，论荣辱”三关。在商场上，没有牢固的友谊，只有固若金汤的规则，梁山好汉的悲惨下场是必然的，他们最大的失败是用友情作为维系事业的纽带。

小洛克菲勒4岁时，有一次，当他远远看到父亲老洛克菲勒从外边走进来，就张开双手兴冲冲得向父亲扑了过去。老洛克菲勒并没有去抱他，而是往旁边一闪，结果小洛克菲勒扑了个空，跌倒在路上，哇哇大哭起来。等孩子哭完之后，老洛克菲勒严肃地对儿子说：“孩子，你想想，连爸爸都会欺骗你，因此你一定要记住，凡事要靠自己，不要轻信任何人。”

这就是犹太家庭对孩子的家教课。犹太商人在商务活动中只相信根据客观事实做出的判断。商场如战场，正因为犹太人从不轻信别人，不被很多事物的表象所迷惑，所以才能在生意场上纵横捭阖。

初涉商海的人最容易感情用事，“多个朋友多条路”的信条着实不

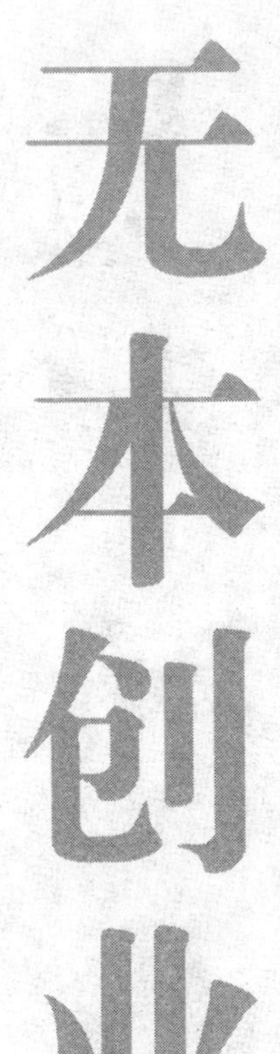

错，但在生意场上，创业者更应该时刻保持清醒的头脑，区分利弊，遵守游戏规则，才能避免吃亏上当。

生意老手松下幸之助在多年的经营过程中掌握了其中的诀窍，总结出“生意场上没有朋友可言”这句话，并把生意场上的那种“尔虞我诈”使用得得心应手。

1974年，自认为是音像技术领头雁的日本索尼公司总裁盛田昭夫，找到日本录像机产量第一的松下电器，要求统一录像机规格。1975年春天，他又请松下和有关人员到索尼参观录像时间1小时的BETA型录像带生产流水线。盛田恳求地对松下说：“我们一道来做吧，为了日本，也为了世界。”

在盛田两次诚恳的相邀下，松下仍然没有表态。索尼开发的是1小时盒带，而属于松下电器的几家录像机生产厂都是开发2小时VHS型录像机及盒带。尽管松下盒带的图像清晰度远不如索尼，但是在消费者中，2小时的带子比1小时的更受欢迎。盒带到底生产1小时的还是2小时的，松下有自己的考虑。这期间，松下暗中指示属下了解美国人对录像机规格的看法，得到的答复是2～4小时的最好。于是，松下认定2小时的规格是最受消费者欢迎的。

结果，索尼被蒙骗了两年。盛田昭夫怒发冲冠，在前来采访的大批记者面前，一向率直、敢说敢为的盛田大骂：“有这种混账的事吗？松下是出卖朋友、蹂躏信誉的叛徒！恬不知耻！”而当记者去采访松下时，已是82岁高龄的他竟平静地作答：“做生意就这样的。”言下

之意是生意场上没有朋友，有的只是利益。

举这个例子，并不是要你学着变得多么狡猾奸诈、利益熏心，而是告诉你，商场竞争有时就是这样残酷。学会让规则说话，而不是让人情说话，才是你经商之路的明智之举。

很多熟悉庄吉的人谈到庄吉时，都称陈敏、郑元忠、吴邦东的三人组合是“黄金三角”。1996年初，庄吉集团有限公司宣告成立。“谁当董事长”，这个在资本联合的民营企业中经常闹得鸡飞狗跳的问题，被“黄金三角”很快以高姿态搞定。

当时若论股份，郑元忠是理所当然的董事长，但郑元忠说：“服装该由懂服装的人来做，陈敏当时是温州服装界数得着的少帅，又是服装商会副会长，三个人里边，肯定他最行，而且他也很年轻。”对此，吴邦东也颇有同感。于是，温州便有了一段“庄吉让贤“的佳话，陈敏出任庄吉集团董事长，郑元忠任总裁，吴邦东任副总裁。

庄吉的联合一开始就建立了一整套新型的法人治理结构，率先在温州推行现代企业管理制度。这是对“宁做鸡头，不做凤尾”的温州传统经济的超越。“黄金三角”都很清楚，实行现代企业管理制度，走集团化发展之路，以现代企业文化推进产品升级，是创温州服装名牌的关键。

“其实我们不是在分权力，而是在分责任，庄吉的权力在董事会。完善的董事会制度是庄吉获得成功的第一步，也是最关键的一步。它

体现出一个优秀团队的高度凝聚力和战斗力。”陈敏说。事实胜于雄辩，庄吉实行的董事会领导下的总裁负责制是最适合的。在全国服装行业双百强企业中，庄吉蝉联6年，且排位一路上升。“庄吉”商标1998年后连续被认定为“浙江省著名商标”和“浙江省名牌产品”，2002年2月被国家工商总局商标局认定为“中国驰名商标”。

《塔木德》中说：“客人和鱼一样，新鲜时是美味，但超过三天便会发出恶臭。”在犹太人心目中，没有永恒的关系，只有永恒的契约。生意场上没朋友，在商战中，只有以理性的头脑分析问题，懂得珍惜和完善自己，才会立于不败之地。

7.创业不能贪大求全

创大业、发大财、成巨富是很多人的梦想。于是有些人在创业之始就把目标定得很高，喜欢盲目追求轰动效应，寄希望于媒体炒作，但一味造势并不能给创业带来好的效益，贪大求全只能使企业内部危机四伏，往往最后深陷泥沼而不能自拔。

庞先生几年前出国考察时，发现了一个很有发展前景的产业——高尔夫球场。回国后，他便向亲戚朋友借钱和向银行贷款，信心百倍地开始投资兴建。由于这一产业牵涉面很广，人单势孤的庞先生耗费了大量资金，项目却难以取得实质性进展。

万般无奈之下，庞先生只好将项目推向市场以寻求资金。但由于他的高尔夫球场项目宏大，资金回收周期长，其他投资人总是犹豫不决，不肯迅速与庞先生结盟。这样一拖再拖，庞先生资金耗尽，项目也停了下来。

理想与现实总是存在巨大差距。庞先生的问题就在于，看到了产业的新颖性与市场的前景，却没有考虑自己的实力，以及对项目的总体计划控制不到位。庞先生留给我们的教训是：创业一定要选择与自己实力相符的项目，量力而行，先从自己能运作好的项目起步，在条件成熟时再投资更好的项目，这样才能有效规避风险，保持创业的顺利进行。

有一个商人在广州创业失败，血本无归。一年一度的春节到了，这个商人也很想回家过节。他买了火车票后，口袋里仅剩一元钱，看到他熟悉的一些人经商有成，满面春风，不觉寒意袭上心头。

“难道我就这样两手空空，落魄地回家吗？”火车的一声汽笛打断了他的思绪，他痛下决心：“我一定要从头做起，不闯出一片天地，誓不回家。”于是他跳下了火车。

然而当他冷静下来时又犯愁了，一元钱连一碗汤都买不到，又如何做生意呢？突然，他头脑中闪现一道灵光，当即在火车站用5毛钱买了一只彩笔，剩下5毛钱买了四个红塔山香烟包装盒，做成接站牌在火车站出租，一元钱一次。赚了钱，他就扩大规模招聘员工，用40只锰钢做成了可调式迎宾牌，并有了固定的办公场所和员工。

他看到有人在火车站销售草莓，生意很好，可是草莓不好保鲜。他想盆栽的草莓一定好销售，就用迎宾牌挣来的1万元买来万只花盆，种上盆栽草莓，成熟后一盆卖10元，半个月就销售一空，就挣了30万元。这30万元使他更有底气，接着他又开设专卖店，几经折腾，最后成了欧美13家公司的亚洲总代理。经过几年发展，他打造了一条著名

的商业街。

有多少本钱做多大的事，让有限的资金滚动扩张、迅速增长是这位商人成功的关键。创业者可以通过一些成本小、利润高、周转快的项目，逐步实现了资金的积累。不贪大求全，从自己的实际情况出发，量力而行，是无本起家者创业成功的一个重要诀窍。

8.选择项目误区多

创业过程中，项目选择是关键。避开项目选择中的误区，才能使创业顺利进行。

现在电视、网络等各种媒体上的创业广告随处可见。一些想要创业的人由于自己目前所处的职业领域限制，对市场方面的信息了解很少，因此创业之初找项目的渠道很有限，只能通过广告来找。

肖艳就是这样，她说：“我比较关心现在电视上推荐的项目，什么加盟连锁店、名品店、特色产业等等。不过详细了解之后，发现都不太适合自己。有的投资太大、有的不适合本地市场……”事实也的确如此，广告宣传的项目很多时候跟个人的条件不匹配，如果不事先冷静分析就盲目上马，很容易导致失败。

宁晨此前从广告上发现了一个项目，加盟了一家“石板烧”一类的特色饭店。不过项目上马后他发现，本地人并不接受这种吃法，半年多都没有打开市场，最后只能草草收场，直接损失近4万元。

盲目跟风是很多初次创业者容易犯的一个错误。很多创业者在选择项目时喜欢找那些已经完全成熟的行业，喜欢在创业的路上追赶别人的步子。结果往往是，别人上马时他还不知道，别人火起来他才意识到，最后人家改行了，他的店才开张，这样怎么可能赚到钱呢?

这种“跟风”属于短期行为，这个行业已经形成气候时你再进来，肯定是要晚人家一步了。最终结果只能是要么赔钱，要么分到一点残羹冷炙。所以你在创业的时候一定不要选择这样的项目，因为这样的项目属于短线投资，赚钱的风险比较大，且没有长久性。

还有一些人在选择创业项目时过于自信，经过自身考察、考证评估，觉得当前周边尚无人经营此项目，可以操作，又怕被周边别人抢先，便盲目介入。其实这是一种很危险的创业方式。因为很有可能你看到或考察的项目，周边已有很多人看到，他们之所以没有操作，很可能是某个环节上他们分析得很理性、很客观，因而选择放弃。

所以在你决定投资时，不如再把细节分析几遍，把风险评估得更客观一些。多问问周边的人，千万不要自以为是，也不要怕被别人知道，即使项目被别人捷足先登，你还有很多可以操作的项目。

潘岳是一名广告公司的业务员，在朋友的建议下，几个人合伙投资开了一家服装店。潘岳本人对服装了解不多，对经营服装更是一窍不通。因此，除了遇到大事需要“股东”开会时潘岳参加以外，平时服装店都由朋友经营。

可是，他的那几个朋友也都没有经营服装店的经验，只是觉得自己

在买衣服方面有经验，卖衣服肯定也错不了。没想到，店开起来之后却完全不是那么回事儿，进货、库存、换季和促销等各个细节都需要经验。没几个月，小店就入不敷出，最后只能关门大吉了。

潘岳的例子很典型，一些人在创业初期根本对创业没什么概念，经常是在别人的建议和劝说下就轻易尝试，结果只能以失败告终。

眼下比较流行一种观点是：自己的专业是什么，就一定要在什么行业里创业。比如有的人说："我是学设计的，我就应该开一家广告设计公司。"持这种观点的人在选取创业项目时出发点比较单一，就是一定要符合自己的专业特长。这是正常的，也是正确的出发点。不过你完全可以突破专业限制，挖掘自身的其他潜能。专业知识很重要，但不能限制你对项目的选择范围。跨行成功的例子在我们身边俯拾即是。

此外，还有一些创业者在考察项目时往往容易受表象的诱惑，因而增加投资风险。其实很多人在考察项目时已经很仔细、很认真了。他们从对项目做多方考察、求证，到实地去看设备、样品、相关资料、文件、样板店，看成功案例、投资回报数据、公司经营手续等，无一不让人放心、动心，并产生创业激情。但此时你反而应该注意了，从表象上看起来越让人信服、手续齐全、方案完备的项目，就越应该仔细评估投资风险，看投资过程中或投资后会产生什么问题。透过表面看本质是一项很重要的创业原则。

只有从选择项目的各种误区中自我纠正，以平和的心态去创业，才会避免不必要的麻烦。

9.跳开创业广告误区

在现代经济生活中，广告的作用不可忽视。

从市场看，广告是传播商品信息的主要工具，信息流是开拓市场的先锋。没有信息，人们之间就不能沟通，无法交流。创业也是如此，想要你的产品被社会熟悉和接受，就要借助一定的手段。当今世界具有传播商品信息功能的行业或渠道很多，其中最重要的就是广告信息渠道。

从企业层面看，广告是企业竞争的有力武器。利用广告增强企业的竞争力，不仅见诸于大的广告语，也见于细微的广告文案设计。譬如，打字机广告词："不打不相识！"鞋子广告词："千里之行，始于足下。"咖啡广告词："味道好极了！"这些广告词易懂、易背、易念，这些广告用语，就会给人留下深刻的印象。

从消费层面看，广告可以引导消费，刺激消费，甚至创造需求。丘吉尔有一段话从一个侧面反映了广告对消费需求的引导、刺激和创造："广告充实了人类的消费能力，也创造了追求较好生活水平的欲望。它为我们

及家人建立了一个改善衣食住行的目标，也促进了个人向上奋发的意志和更努力的生产。广告使这些极丰硕的成果同时实现。没有一种活动能有这样的神奇力量。”

时下，广告已经成为中小企业经营活动中不可缺少的一个环节，对提高产品销量和提升企业形象起着举足轻重的作用。个人创业当然也离不开广告的有效宣传。然而，面对愈演愈烈的广告竞争，不少人正逐步步入误区。

广告的作用不容忽视，但并不是说，打了广告就一定会收到神奇的效果。在如今的市场条件下，你可能还在迷信这样的广告神话：只要广告发布出去，就会有大量的消费者开着汽车、拿着现金、争先恐后主动找上门来购买产品或商品。这种很原始的思维过分夸大了广告的宣传作用，这是不切实际的。广告虽然可以为你带来一些营销上的成果，但是，广告的效果毕竟还是有限的，不可能为产品的销售起到神话般的推动作用。仅仅靠广告来拉动商业发展和消费的时代早已经过去，你必须面对更为严酷的市场竞争。

对广告的投入过程实际上就是花钱买创意、买制作、租媒体的过程。中国人的传统习惯是“货比三家不吃亏，哪家便宜买哪家”，于是，一些人在向广告公司购买广告产品时一般都会希望广告费用越低越好，这样经常会陷入“感觉便宜就买”的观念误区，而忽略了广告的实际营销效果。便宜的广告产品容易让你造成“划算”的错觉，勾起你购买的冲动。但是，评价一个广告产品是否便宜，主要是看它是否与你的目标和计划相匹

配，如果确实互相匹配，那么价格再贵也是需要的；如果不匹配，花一分钱也是不划算的。

与之相反，有些人认为广告投入越大效果越好。当然，广告从某种意义上说是富人的游戏，拼的就是经济实力，没有投入，一切都无从谈起。

举例来说，钙产品市场风起云涌，除了巨能钙、彼阳牦牛骨髓壮骨粉等老牌劲旅外，哈尔滨制药六厂的“盖中盖”更是以超级黑马的姿态闯进了人们的视线。一时间，电视、报纸、户外媒体海陆空全方位轰炸，消费者无时无刻不在补钙产品的叫买声中。据统计，仅仅在2000年6月份，各种补钙产品投在电视上的费用便高达2.9亿元。

巨额的广告投入对各种补钙产品的销售起到了立竿见影的作用，盖中盖、巨能钙的市场份额急剧上升。尝到甜头的厂家继续加大广告投入，企图再攻下一城。但是，随着广告密度的加强，市场并没有跟着升温。盖中盖、巨能钙的市场知名度分别高达95％和84％，但产品的尝试率只有31％和27％。高额的广告投入最终没能支撑补钙产品走得更远。

在产品导入市场的初期，广告无疑是迅速打开局面的利器，然而一旦步入成熟期，广告的作用便会锐减。靠着大规模的广告投入，企业只能风光一时。

有一些人可能在平日的业务上成绩斐然，因而自认为在策划和传播上也能胜任，但是对广告的科学性和艺术性往往没有专业人士把握得好，再加上目标判断不准确或整个营销体系不配套，致使自己的事业冒很大风险，很难赢得竞争的优势，甚至还可能出现衰退。

我们经常看到有一些商家为了最大程度地吸引广大消费者的注意力，热衷于花重金、找关系，邀请一些大牌明星来演绎广告或促销活动，有些商家确实也通过这种方式提升了商品的知名度，改善了形象，但是，迷信名人广告能够获得更好的广告宣传效果，实际上也是一种误解。巨额广告费暂且不说，即使有关系请来了名人，效果也不见得就会很好。根据一项调查显示：很多消费者观看完名人广告或欣赏完名人演出之后，首先想起的是明星曾经是如何出名的，来自哪里，节目有没有意思；大部分人不知道是哪家在宣传、谁在做广告。

我们都知道广告创意的生命就在于“创”，独创、创新，最忌人云亦云、模仿抄袭。而偏偏有些人觉得效仿别人的好创意是一条通往成功的捷径，只要有一条好广告出现，马上就有一则甚至数则雷同的广告出现。如广东中山精细化工实业公司的灭害灵排比式的广告词：“一个精明的女人，一个不让蚊虫和蟑螂困扰丈夫的女人——灭害灵。”配以优雅含蓄的画面，确实给人以赏心悦目之感，事实上这则广告并不是独创，而是模仿“金利来”的广告词：“一个精明的男人，一个以事业为第一生命的男人，一个知情识趣的男人——金利来，男人的世界！”而且模仿痕迹明显。而且并不就此一则，某地一家制革厂也模仿这种形式，制作了一则广告：“一个管理严格的企业，一个设备精良的企业，一个朝气蓬勃的企业——×制革厂”。

走仿效路线的广告制作商虽然便捷省心，但若从效果上看，这种模仿只能使受众望而生厌，从而失去消费者的关注。

对于是做软广告还是硬广告的问题，有些人认为软文广告的费用便

宜，算得上价廉物美，只要做好软广告，上不上硬广告都无所谓。举例来说，脑白金在这方面做得相当成功。一系列软文广告的推出让广大消费者很快了解产品，极大地推动了市场销售。但软文广告也有自身的局限性，即只能上文字，不能加图片或文图组合，不能大面积留白。而且，一般软文广告的版面都在整份报纸靠近中间的位置，阅读率并不高。这些因素决定了软文广告只能是硬广告的一个补充，而不可能越俎代庖，成为产品推向市场的主打广告形式。要不然，脑白金也不会把更多的费用投放在包括电视、报纸在内的硬广告上了。

在广告用语方面，一些人只满足于时尚时髦的话语，却展现不出产品的强势所在，甚至在追求词语“新”、“奇”的时候，让人不知所云。

比如洽洽瓜子的广告词：“好年头，好兆头，有洽洽，有快乐，洽洽，快乐的味道。”这可是话语不少。不过，“好年头，好兆头”，任你怎样品味，也难以明白这和洽洽是什么关系。“有洽洽，有快乐”，这快乐也太包罗万象了，哪种食品，只要想吃，不苦不涩的，不都可说是快乐吗？岂能为洽洽所独享？“洽洽，快乐的味道”和上句重复。快乐的味道是啥味道？特甜，极香，还是酥脆？说了那么多，却让人全然不知洽洽食品到底是啥品味？

在广告是否需要做测试的问题上，成熟的企业都已经习惯这个方法：一部新广告片或一次大的促销活动问世，都会在1~3个城市先做测试，以判断它的有效性。这样做的好处很多，一旦发现问题可及时调整，损失有

限。如果不做测试，一下子放到全国，风险就十分大，出了问题很难挽回损失。同样，你在投放广告之前，也应该先做测试，这样才会降低风险，做到有的放矢。

最后，很多商人在做广告的时候，短期内没看到什么效果，就自己打退堂鼓了，既亏了金钱还损失了时间。品牌打造需要假以时日、千锤百炼，不是浮华浅表，也不是砸钱于广告或者动用媒体炒作而成，而是在消费者心里慢慢滋养出来。所以时间、空间、深度才是共同构成品牌的基本要素。

第七章 “狼尾巴”就是后患

创业没那么容易，选择好地址、控制好库存、计算好资金成本、保证质量……断绝“套狼”后患，才能保证创业的顺利发展。

1.地址选择一定要慎重

自主创业，项目选择是关键。有了一个好项目，接下来最重要的恐怕就是选址的问题了。选址对于办企业开公司到底有多重要？

国内最早的保健品上市公司哈慈的广东分公司，由于位置欠佳而经营每况愈下，最后撤离了广州。

1996年，哈慈刚刚进入广东市场，一开始将分公司设在新河浦。而新河浦是广州旧时代的高尚住宅区，整个新河浦都幽静而缺乏活力。更要命的是，新河浦没有一趟公交车经过，而停车也很不方便，很多道路是单行线。到了1998年，新到任的分公司经理看到广东这么大的市场，哈慈的业绩却不是很理想，决定将公司迁移。于是该公司从新河浦迁到了五羊新城的深华大厦。原本指望公司搬迁可以带旺公司生意，谁料到五羊新城的交通依然不便利。

当时他们在那租了两套两居室的房子作为分公司办公室，因为五

羊新城的房子都是商住楼，大部分都是香港业主投资的住宅楼，几乎没有专业的办公写字楼。客户到了这样的办公室，一点大公司的感觉都没有，反倒像个家。公司所在楼盘的物业管理也完全是按照住宅来管理，给公司带来诸多不便。更重要的是，五羊新城依然缺乏商业气息，到了2000年，生意越做越差，只好又一次搬家到了人民路。

哈慈广东分公司就是这样几次三番地搬家，而频繁的搬迁给客户造成不信任的感觉，市场业绩大幅下降，于是2001年从广州市场全线撤离。

与之相反，雪贝尔蛋糕店则是开一间火一间。他们在选址上有什么诀窍吗?

雪贝尔公司原“选址员”、现在雪贝尔深圳公司经理倪修兵认为：“开店的人都特别讲究一个人气。有人气才有生意。”但是，是不是选择店址的时候，找准人多的地方就好呢？“其实也不尽然。很多人都有一个误区，那就是把人流量当成了一个地段好坏的唯一标准。诚然，人流量是决定生意成败的一个重要因素，但是了解客流的消费目标，才是更为重要的工作。在开店以前要研究的不是人有多少，而是这些人中，你的‘潜在顾客’或者说‘有效客流量’有多少。”

雪贝尔每建立一个新连锁店，都要做大量的最佳店址选择工作，其中一项最重要的工作就是测算、分析人流量，他们派员工拿着秒表到目标场所测算流量。这些测算人员除了要汇报日人流数量以外，还要

详细汇报如下数据：附近有多少路公共汽车经过；过往人中，多少是走路来的，多少是坐公共汽车来的，多少是打的或开车来的，这样来分析该地区人群的消费水平和消费习惯。

另外，倪修兵还很有心机地发现，肯德基与雪贝尔都同属于一种业态，于是就取巧地看肯德基开在哪里，雪贝尔的新店址就选在肯德基方圆百米内，这样一来新店生意果然火爆！

由上面两个例子我们不难看出：创业选址非常重要。兵战之术中考究“天时、地利、人和”，商战更是如此。在商战中，“天时”代表市场时机；“人和”即人的谐和辑穆；而“地利”则是好位置。对于创业选址，专家的看法是：创立任何企业，地点的选择都是决定成败的一大要素，尤其是以门市为主的零售、餐饮等服务业，店面的选择更往往是成败的关键，店铺未开张，就先决定了成功与否的命运。

那么，怎样才能选择一个好的地址做生意呢？你可以根据区域类型特点，慎重选择适合自己企业的区域。一般来说，每座城市，都能够划分为五种典型的区域类型，即中心商业区、次荣华商业区、群居商业区、居民小区、偏远街道与城市近郊。每一种区域都有其特有的商业价值，关键是要选择一处合适本人企业运营、开展的位置。

首先是中心商业区。中心商业区也称为都会荣华区，大多位于城市的中心地带，是商业活动的高密度区域，所以房租价位也是最高的，可以说是“寸土寸金”。该区的主导实力是大型自选商场和百货，其商品种类繁多、规格齐全。由于客流量大，在双休日或节假日有可能出现“人山人

海”的局面。所以，假设你能够筹集到足够的创业资金，在中心商业区租一间铺面是很值得考虑的。

其次是次荣华商业区。次荣华商业区普遍位于中心商业区的外围边沿地带，虽然客流量没有中心商业区那么大，但交通比较便利，也是一块适合创业的“风水宝地”。次荣华区大多是从居民区到荣华区的中间地带，所以适合开设规模中等的店铺。在运营上应尽可能做一些宣传，把信息传给千家万户，树立本人特定的顾客群，或许就能够与荣华区的运营者一比高下。另外，在一些大型商务中心或行政区，也无妨开一些顾客了解的店铺。

然后是群居商业区。许多城市都会有一些一字排开的群居商业区，它们虽然没有中心区那样繁华，但在某一范畴内却也能自成天色。如火锅一条街、家具一条街、各种档次服装批发的专业地带等，生意也都很不错。在群居商业区，店铺开大开小取决于创业者本人的资金能力，但最主要的是经营内容和该区域潜在客户群要对位。该区域的优势在于需求旺盛，而且客源稳固，可保证店铺的稳定性。

接下来是居民小区。可以说一个居民小区就如同一个微缩的小城市，市农工商、各行各业人员应有尽有。聪慧的创业者总能研讨出它的特性，并根据这一特性发展自己的企业，如有的小区老城搬迁户较多，有的小区官员较多，还有的是一些银行、媒体、教员、大型厂矿家眷等的聚居区，应该根据不同小区的消费程度及文化程度，综合思索经营项目的类型和价位层次等。相对来说，该区域有较大的价格优势和发展潜力。

最后是偏远街道与城市近郊。这些区域通常在城市的一些偏远街道，

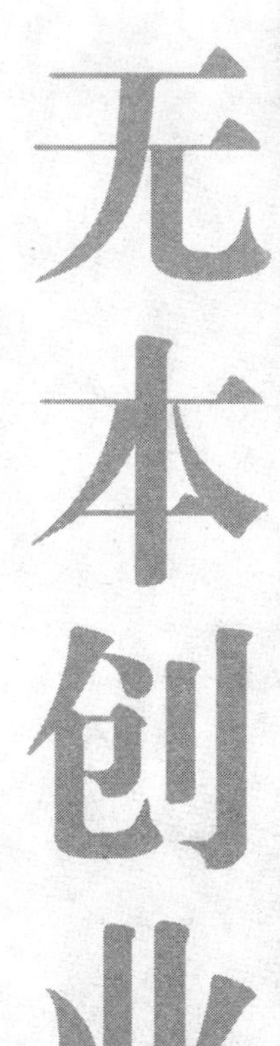

商店零落、行人稀少，但房租也更为廉价，是创办外向服务型公司的好地点。虽然地处偏远，但通过营业把触角伸向五湖四海，完整补偿了街区的偏远。由于房租廉价，厂地能够更大一些，公司实力与形象也就显示出来了。公司甚至可以不用门面房，而租用高层楼房的办公间。

但并不是所有的好地点都一定容易赚钱，有时遇到市政规划变动，热闹的地段也有可能变成冷僻之地；而许多开发中的地段却有着极大的投资空间，像政府正大力开发的地区，升值空间不言而喻。因此你在选址时眼光要放远些，多了解该区域将来的发展情况。当然，除了关注市政规划外，还要注意该区域未来同业竞争的情况。

2.控制好库存

从企业生产、经营活动的全过程而言，库存是指企业用于生产和/或服务所使用的，以及用于销售的储备物资，库存的形态主要包括：原材料、辅助材料、在制品、产成品和外购件等四大类。

设置库存的根本目的是保证在需要的时间、需要的地点，针对需要的物料提供需要的数量。同时，库存还能起到以下作用：防止缺货、提高服务水平；节省开支、降低成本；保证生产、销售过程顺利进行；提高生产均衡性、调节季节性需求等。

库存控制又称库存管理。库存管理的关键是在过多和过少之间保持微妙的平衡。

库存量不足会造成服务水平的下降，影响销售利润和企业信誉；造成生产系统原材料或其他物料供应不足，影响生产过程的正常进行；使订货间隔期缩短，订货次数增加，使订货（生产）成本提高；影响生产过程的均衡性和装配时的成套性。

要避免受到库存不足的影响，一个方法是设立正常库存的安全线。要找到对企业最合适的库存安全范围，必须把所有可能造成延误的外界因素都考虑进来，比如可能晚交货的供应商或海外运来的货物。经营一段时间后，你会对交货时间比较有感觉，更容易算出安全的库存范围。

相反，库存量过大则会造成产品积压，增加仓库面积和库存保管费用，从而提高了产品的成本；占用大量的流动资金，造成资金呆滞，既加重了货款利息等负担，又会影响资金的时间价值和机会收益；造成产成品和原材料的有形损耗和无形损耗；造成企业资源的大量闲置，影响其合理配置和优化；掩盖了企业生产、经营全过程的各种矛盾和问题，不利于企业提高管理水平。

不管你经营什么类型的企业，都应该避免积压过多产品。额外的管理费用、购买过多产品所需的贷款服务、对未售出产品征收的附加个人财产税和更高的保险费用，这些都会花掉你一大笔钱。事实上，一位产品顾问曾估算，美国各地零售商投入在保存商品上的成本相当于商品原始投资额的20%~30%。存货过多还会降低现金流——这也是必须避免的问题。可以参考一下这个例子，一位汽车用品零售商发现，一次性购买1000加仑的防冻剂可以获得很高折扣。如果他买了这些防冻液，却遇到暖冬，就只能守着1000加仑的防冻液愁眉苦脸。虽然他知道第二年天气寒冷的时候他还是能把这些防冻液都卖出去，但这些防冻液将在他的仓库里放上一整年，而这些空间完全可以用来存放更赚钱的东西。

当你发现库存过多时，本能反应大概是降价促销。虽然这能解决库存

积压的问题，但同时减少了你的投资回报。你之前所做的财务计划都是假设你的产品能卖全价。如果你为了解决多余库存而降价15%～25%，你就赚不到早已计入经营计划的钱。

新的创业者在库存过多时爱犯的另一个错误是，下次订货的时候变得过度谨慎。这又会为你带来库存不足的风险，开始了另一个代价高昂的错误循环。

要避免库存过多，就应该在实际工作中尽可量地降低不可用库存。

可以采取缩短交货运输时间的办法。尽可能缩短从供应商到企业这段距离的运输时间。你应先需要根据产品的特性（价格、体积重量等）选择合适的运输方式，对这段时间的管理会大大影响企业的在途库存量。

一般来说，价格高而且体积重量较小的产品会优先选择空运，反之则海运为常用的运输方式。但是，选择合适的运输方式，要通过仔细比较运输时间的缩短对库存乃至库存成本的影响以及运输费用的影响，才能做出选择，否则将不能达到整体优化的目的。

同时，要选择合适的交货和付款方式。通过与供应商谈判，选择对企业最有利的交货方式，也是降低库存成本的一个重要方法，尤其是在国际采购中。从货物离开供应商的工厂到实际抵达企业的仓库，需要经过较长的时间和不同的场所，在这个过程中，货物的所有权越晚交于企业，付款的期限越长，则企业所需承担的风险和费用也就越小。

另外，选择正确的厂址也可以有效降低库存。企业与供应商或者客户

之间的距离会影响其库存的水平，距离越短，交货时间越短，库存量相应也可以降低。这也是为什么通用汽车的供应商会随着通用公司在上海设厂而纷纷将其工厂移至上海，其目的就是为了加快供应时间，降低库存。

最后，你还可以采用控制订单的整批交货的方式降低库存。整批交货的订单对客户来说可以大大降低其库存的水平，但是对供货方来说却是不小的压力。所以企业对此类订单必须严格控制，在确实需要的情况下，才能向客户提供整批交货的服务。

3.要有强烈的成本意识

在中国有句老话：“不当家不知柴米油盐贵。”这句话告诉了我们什么？“创办企业不易，经营企业更难。”它又给经营者讲述了什么道理？“量入为出”、“开源节流”这些词句到底说明了什么？很显然，它们都是在告诫人们在创业过程中，必须具备强烈的“成本”观念，需要你对企业的每一道工序，每一个环节，每一度电，每一滴水都非常敏感与计较。这样，在恶劣的市场竞争中，企业成本才能不断地降低，你才能真正地成为市场的赢家。事实上很多成功的企业家也的确如此。

有一次，比尔·盖茨和一位朋友开车去希尔顿饭店。饭店前停了很多车，车位很紧张，而旁边的贵宾车位却空着不少。朋友建议把车停在那儿，但盖茨认为太贵，即便朋友坚持付费，盖茨最终还是找了个普通车位。

洛克菲勒到饭店住宿，从来只开普通房间。侍者不解，问："您儿子每次来都要最好的房间，您为何这样?"洛克菲勒说："因为他有一个百万富翁的爸爸，而我却没有。"

李嘉诚一次上车时掏手绢擦脸，带出一块钱的硬币掉到车下。天下着雨，李嘉诚执意要从车下把钱捡出来。后来还是旁边的侍者为他捡回这一块钱，李嘉诚于是付给他100块的小费。他说："那一块钱如果不捡起来而被水冲走，可能就浪费了，这100块却不会被浪费，钱是社会创造的财富，不应被浪费。"

表面上看来，这些富可敌国的创业成功者都比较"吝啬"，实质上这正体现了他们对于财富的态度——具有强烈的成本意识。这是他们在创业过程中慢慢形成的作风与精神，有成本意识的人即使最后变成了富翁，也能严格要求自已与员工。我们中的很多人往往惊诧于一些跨国公司一张纸正反使用、信封重复使用的吝啬，但正是这种"吝啬"成就了众多富有的企业和身价特高的富翁。

在举步维艰的创业初期，创业者应该有强烈的成本意识。开公司、办工厂要赢利、要赚钱，走上可持续发展道路，其赢利水平高低是基础的基础。从开始正确选择投资产业项目到经营场地的购置与租赁，从科学合理地进行部门机构的设置匹配，再到人力资源投入、原材料价格的严格控制，各种资源的整合都需要自始至终贯穿"成本"观念。我们常听一个企业在发展中说要加强"内控"，"控"什么？其核心就是指"控制成

本”，就是要从产品的设计、采购、生产、运输、销售到资金回笼各环节入手，找准企业内部作业的成本控制点，最大限度地降低成本，进而达到获取“利润”最大化之目的，离开这一点，企业得不到发展，你也赚不到钱。

说了这么多，到底什么是成本意识呢？首先说一说“成本”。通俗地说，成本就是为实现某个目标所付出的代价。从经济学角度看，成本与收益密切相关。在既定条件下，成本越高收益越低，成本越低收益越高，要提高收益就必须千方百计降低成本。做任何事情，都要进行适当的投入、付出必要的代价，但投入与产出、代价与收获之间应当保持合理、恰当的比例。

再来看一下“成本意识”。成本意识是指节约成本与控制成本的观念，是“节省成本的观念，并了解成本管理的执行结果。”缺乏成本意识和效率意识，过分强调事情的结果，不计成本，不论代价，必然造成得不偿失，欲速而不达。比如，有的人做工作、办事情“只以成败论英雄”，为达目的不惜血本；有的企业规章制度不健全，内部管理不严密，铺张浪费、跑冒滴漏现象严重；有的片面追求GDP增长，盲目铺摊子、上项目，甚至不惜以破坏环境和浪费资源为代价来换取一时的所谓“发展”；有的脱离客观实际，不顾群众的承受能力，大搞“形象工程”、“政绩工程”；等等。这些问题的存在都是缺乏成本意识的结果，这样做会严重影响企业的健康发展。必须看到，在当今经济全球化趋势不断发展、科技进步突飞猛进、综合国力竞争日趋激烈的情况下，如果不能及时改变这种状况，不仅事业难以推进、发展难以为继，而且会严重影响企业的竞争力和

抗风险能力。因此只有切实增强成本意识，科学把握成本，努力降低成本，才能不断提高工作效率和发展效率。

而要提高成本意识，不仅要提高管理者本人的成本意识，企业内部全体员工的成本意识更应该提高。下面是一些具体可行的操作方法：

1.在培训计划中强调成本的重要性和控制成本的必要性。

2.对员工不断进行成本意识方面的教育，通过培训和教育来提高全员的成本意识。向员工宣传贯彻组织的成本理念，使每个员工都能理解组织的命运和自己的命运是相互联系的。

3.建立激励机制，运用“成本考核”和“成本否决”等手段从严管理，使员工意识到组织控制成本的严肃性。

4.建立“资源节约型”、“资源节约型”和“低成本运营”的企业文化。

5.积极倡导成本是企业的核心竞争力，同时也是员工的核心竞争力。

值得注意的是，强调成本意识，并不是对各种成本不加区别地一概压缩，而是要牢固树立效率和效益观念，尽力降低成本、节约资源、减少浪费，进而提高工作质量，实现科学发展。

4.计算好资金的会计成本

有了创业资金，如何运作？这就到真正考验创业者能力的时候了。很多创业者虽然满怀创业热忱，但是缺乏理性思考和周全的计划，忽视资金问题上的会计成本，于是导致了财务危机，使得公司在营运上周转不灵，资金短缺。其实，如何运用有限的资金，在创业过程中是一个非常重要的问题。创业者一定要学会恰如其分地计算出会计成本，不能随意改动，也不要把成本弄得过大，否则，收回本金的机会减少，而且会打击创业者的创业信心。

举个简单的例子来说，你在计算创业成本时，把门面装修资金预定在2万元，但在实际操作过程中，对方拿出一个更好的装修方案，费用却为3万。选择后者，你必须考虑到在开始一段时间内很可能没有生意，多出来了1万元费用就会成为负担。所以，计算成本时一定要慎重。一般来说，能成功地控制住创业成本的人都会有所收获。

想要控制成本，减少现金流出，还可以购买价钱便宜的办公用品，设法寻找租金较低的房子，减少人员数量和工作时间，或推迟雇用新员工的时间，到确实需要时再雇用。

而想要增加现金流入，除了想方设法提高销售之外，还可以通过提高顾客付款速度来实现。例如，原来让客户60天内付款，现在改成30天内，就可以提前30天收回现金。这样一来，加快了资金周转速度，会给急需现金的新创企业带来意想不到的好处。

为避免发生资金周转困难的现象，最好是珍惜手上的现金，尽量保存。然而总是有很多创业者由于没有养成节俭的习惯，公司在第一年或第二年就垮掉了。一个怀着巨大理想的创业者，容易觉得为了明天的伟大目标，现在多花点钱无所谓。于是，办公室选最好的，人也要请最好的，似乎既然要办一个大事情，今天所有的现金支出、费用支出都是应该的。然而从《资产》历年刊出的富豪榜情况看，绝大多数富豪的资产并不是靠投机获得，而是通过自己的艰苦创业取得的。创业者在创业之初，一定要注意现金的积累。如果不是非常必要，那么在办公用房和设备上就不要花巨资。不要为了表明自己有实力而大量购买设备、大批雇用人才，应尽量多留些现金作为创业的储备力。

在宣传费用上面也一定要慎重，宣传虽有必要，但企业真正成功并不单纯依靠它，所以在创业之初不要花大量的钱搞宣传，以免拖垮企业。要知道，宣传费用产生实际效益是要花很长时间的，所以，宣传只要到位就行，不能影响资金的流转。

此外，创业者在计算毛利时还容易犯两个极端错误，这也是你应该尽量避免的。第一种就是对自己的产品没有信心，害怕与别人竞争，将毛利定得很低，很可能出现商品卖光却无利可图的现象。另一种就是由于不了解市场规律，希望赚得越多越好，将毛利定得很高，导致商品卖不出去，形成积压，由于没有生意，自然也不会产生利润。因此，要恰当地掌握好自己的收支平衡点，对自己的资金支出与收入有较清醒的认识，这样才能定出合理的利润率，使自己的生意一帆风顺，保持资金流转畅通，让创业成功的机会大大增加。

5.管理好你的资金链

资金链是指维系企业正常生产、经营、运转所需要的基本循环资金链条。“现金—资产—现金（增值）”的循环是企业经营的过程，企业要维持运转，就必须保持这个循环良性的不断运转。

企业信息流好比人的神经系统，而资金链断裂就如血液出了问题，企业就会有灭顶之灾。以前运营“脑白金”的巨人集团史玉柱的失败，后来的德隆集团、三九集团倒闭，原因是惊人的相似：资金链断裂导致企业经营失败。在企业的经营中，由于资金链断裂而导致的失败占了很大比例。从2008年下半年开始，因为现金枯竭、资金链断裂触发的企业倒闭潮席卷全球。在这场由金融危机引发的全球经济危机中，中国的制造业基地珠三角和长三角地区有数千家企业因为资金链断裂而倒闭，其中有许多大企业。

为什么会出现这种情况呢?这是因为每个企业在发展初期，资金链会存在这样那样的问题，但与企业存在的其他问题相比较，资金链在企业中

呈现的重要性不高，管理者一般不会重视这个方面的问题；当企业发展到一定规模时，企业就会陷入一种怪圈——效率下降，资金周转减速，企业非正常运行……当这些问题集中暴露出来时，就会出现资金链断裂。这种现象表面看是问题的直接反映，其核心是企业缺乏有力的资金链管理。因此，管理好企业的资金链很重要。资金链管理在企业运营中有哪些重要作用呢?

1.资金链管理能够确保安全、连续的现金流，只有这样才能保证企业正常的经营活动。

2.资金链管理保证主链的资金充分宽余之外，还必须有相当的融资能力（包括利用政府、银行等非常手段），在每个循环后要有增值，实现企业经营的目的。

3.资金链的畅通是企业运营的关键。在我国，由于种种原因，存货和应收账款的阻力特别大。资金链管理能够保证整个资金循环的顺畅，要求企业不能在存货和应收账款上滞留过多资金，以免造成企业下一步活动没有必要的资金，循环不畅。

4.资金链管理能够加快企业的加工、物流和变现，提高资金的周转率。

资金链是一个企业的鲜血，几乎所有的企业稍做大一点，就会违背企业经营效率这个根本。为防止资金链断裂，必须通过制定相应的管理措施来提高资金链管理的能力，概括起来就是：针对库存增加型资金链断裂，应该检修其供应链；针对资本运作型资金链断裂，应该制定稳健的财务预算；由于偿债能力有限导致的资金链断裂，应该注意其融资渠道及资本占

用与资金来源期限的匹配情况；受宏观经济形势影响严重的企业，应该制定保守的信用政策。

通常情况下，造成资金链断裂的原因可能是激进的财务预算将投资以及规模的扩张作为首要目标，而忽视了对利润质量的管理；或者在营运现金流出现负值的情况下仍不断地追加投资；或者太过依赖于单一的融资渠道。这些问题的根源在于一个太过乐观和激进并且失去监控的财务预算。

因此，客观地进行环境影响因素分析和企业战略分析，确保现金流向与环境变化相协调，重新制定稳健的财务预算，是危机中的首要任务。

而对于已经处于现金流危机边缘的企业而言，最快速的方法是将现金从日常的营运中解放出来。裁员、减薪、关闭生产线或卖掉价值贡献率不高的项目都是企业常用的手段。

出售相关资产或者关闭生产线可以快速缓解现金的饥渴，在决定出售什么资产、出售多少之前，必须进行谨慎的价值贡献分析，抛弃长期对企业价值贡献为负值的资产，才能使优质资产得到保全，从而带来新生的机会。韩国三星集团在1997年亚洲金融危机时成为一个典范。当时长期负债已经达到公司净资产3倍的三星濒临倒闭，公司采取了缩减40%的国内人员，减少40亿美元库存，剥离和卖掉大概价值8亿美元、生产120个产品的项目等一系列措施，最终起死回生。

供应链的管理在萧条时期变得异常重要。创业者应更多地了解客户的生产计划和库存计划，并且制定产成品库存目标，再根据产成品目标制定原料库存目标，以此安排原材料的采购计划。为最大程度减少库存，公司每周甚至每天安排采购计划；对于小品种，则完全可以实行零库存的订单

生产。

对于资金饥渴的企业而言，单一依靠银行贷款并不是明智的选择。在宏观经济进入下行周期中，银行最常扮演落井下石的角色。因此企业应注意资本金和借贷之间的比例、长期负债和短期负债之间的比例，避免短资长用，同时尽量广开财路，使资金来源多元化。

相比银行贷款，寻求上市筹资也因股市紧缩而变得更加困难。不过风险投资信托计划、股权融资或者私募基金投资也是企业可以考虑的途径。

资金链管理是企业的生命线，对企业来说，它贯穿于企业管理的始终。企业必须加强企业资金链管理，建立起与本企业相适应的资金链管理模式，实现资金持续的良性循环和周转，才能在目前日趋激烈的市场竞争条件下获得自己的领地，谋求进一步的发展。

6.做好财务管理很重要

创业过程中，很多人都容易忽略“财务管理”这一重要环节，尤其是个人创业，企业的规模并不大时。其实，不论企业规模大小，都必须有财务制度或者说会计操作准则，有规范可依据。所以，我们将为初期创业者介绍一些财务管理方面的相关知识。

创业者需要按照基本财务账本进行记录，然后根据财务数字做出报表。作为初创业的管理者，首先要明白财务三大报表的含义，要知道三大报表各有表述的重点。三大报表是个整体，个别拆开来看都无法看到企业经营的完整结果，这三大报表分别是：

资产负债表：企业的钱从哪里来；企业把这些资金投资在哪种资产上。

损益表：各类成本结构以及利润的水平。

现金流量表：营运、理财、投资等三种活动的现金流入和流出状况。

如果公司业务涉及异地的交易往来、现金往来，还必须将有关现金往来、交易凭证等票据保存完整，且要与所记录的账簿一致。对初创业的人

员来说，还有一个很重要的财务问题需要注意，就是有关现金流的问题，要注意库存与现金周转，降低流通时产生的不必要成本。

在账务往来方面，具体需要注意以下事情：

1.原始资料保持完整。

2.与客户的账要搞清楚，特别是明细账，收款要及时，月底应该要对账。

3.开发新客户要注意做信用评估。

4.自己要核对银行对账单。

5.股东一起编制各月预算。

6.每个月向合伙人报告现金状况及财务报表。

7.外地销售的出差费用要及时报账，有关出差费用要先定下限额及报账方法。

创业者一定要不怕核对，不怕面对财务数字，不怕进行财务分析，因为财务是企业最关键的事项，它能帮助你优化事务决策、分析经营状况，并能帮助你更快实现个人创造价值的目标。

在选择财务顾问时，应该注意财务顾问所要具备的各项能力：

1.熟悉资本市场的运作特点与创业板市场的上市规则、操作技巧、上市要求和各个环节的具体细节。

2.善于发掘好的企业并具备进行初步包装的专业能力、使其能够符合资本市场的基本要求。

3.具备足够的业务网络和协作关系、可以根据企业的特点和要求提供

符合其自身条件和需要的中介机构。

4.具备良好的把握市场机会和分析判断经济形势的能力、能够根据企业的需要为企业选择最佳的上市时机，或以对企业有利为原则，作出上市与否的判断，并且能够向企业提供近期与未来发展的分析和相应的建议。

5.提供长期的顾问服务而非仅仅着眼于眼前的利益，提供完整、系统、长期的战略发展规划以及相应的财务顾问服务，排除短期行为。

6.具备向企业提供多种应对方案与准备的能力。

怎样选择财务顾问?

首先，看业绩。要了解财务顾问的专业水平，不能仅听自我介绍、而要了解其以往的业绩，比如都做过哪些案例、成功率如何、以此来判断投资银行机构的专业能力和水平。

其次，了解同行的评价。虽然涉及同业竞争的因素，同行对其他财务顾问的评价的客观性较差，但企业通过同行评价可以作出对其专业特点和不足之处的判断。

第三，向顾问单位了解情况。包括已经完成顾问事项的单位和正在进行的顾问单位，通常顾问单位所介绍的情况都比较客观，参考价值较高。

第四，比较选优。通过上述工作程序，对被选的几家机构进行综合比较，从中选择综合能力最强、最适合本企业上市及其他相关业务要求的财务顾问机构。在多方面了解和考察情况下，才能选出适合本企业发展和帮助自己管理企业的优秀顾问。

7.不得不说的风险投资

在当今社会严峻的商业环境下，风险投资无疑是一种最便捷、最安全、最快速的融资模式。很多人有一定的技术、一定的管理及经营经验，然而在资金不足的状态下，没法去创业。因为资金不足，很多创业的中小企业在苦苦挣扎。如果有一笔大的资金注入，往往可以起到起死回生的作用，现在已经到了资本运作的时代，创业环境已发生很大的变化。

如果你还想走上一代人的创业模式，采用家族制，慢慢从小做大，不愿意让外力介入你的经营，当然可以选择自食其力。但这样做往往不会使企业发展得那么迅速，这种方式已经不太适合当今的发展了。

如果你有好的项目而没有资金，却又想早一点让你的项目动起来，那么风投无疑是一种最简单的方式。当然风投机构也不会随意投资你，必须进行多次考核。只有考核成功，双方都认可，企业才可以运作起来。

1998年5月6日，我国最大的财务及企业管理软件厂商之一深圳金

蝶软件公司宣布，金蝶公司与世界著名的信息产业跨国集团——国际数据集团 IDG已经正式签定协议，将接受IDG设在中国的风险投资基金——广东太平洋技术创业有限公司2000万元人民币的风险投资，用于金蝶软件公司的科研开发和国际性市场开拓业务。当时，这是继四通利方之后，国内IT业接受的最大一笔风险投资，也是中国财务软件行业接受的第一笔国际风险投资。

一石激起千层浪，金蝶软件公司这一敢“吃螃蟹”的举措在社会上引起了极大的反响。人们情不自禁地想要知道答案：为什么IDG要选择金蝶公司这样一个规模并不大的企业进行投资呢？

金蝶公司是1993年建立的财务软件公司，其实在财务软件领域，即有早已形成规模并在国内市场上占有很大份额的用友、万能、安易等，还有许多其他公司在争夺财务软件市场。作为后来者的金蝶公司如果没有自己的独特之处将很难立足。金蝶总裁徐少春提出了“突破传统会计核算，跨进全新财务管理”的观念，并且紧紧抓住与国际接轨这一核心，快速开发新产品。

1993年，金蝶公司推出了V2.0和V3.0dos版财务软件。1995年底，金蝶又先声夺人，依据敏锐的市场判断力，率先开发出全新的Windows产品，在同业引起了极大轰动。1996年4月，金蝶开发的全新Windows产品经过有关部门严格测试，被评为“中国首家Windows版优秀财务软件”。在此之后，金蝶再接再厉，缩短产品的更新周期，在产品技术上远远领先于其他财务软件，并大力提倡决策支持型软件。

金蝶公司在不断创新的过程中，也完成了企业发展的三级跳跃。尤

为令世人关注的是，金蝶公司基于先进的开发思路，提出了三层结构理论的财务软件，面向大型企业的企业资源计划亦在紧张的酝酿中。企业的经营能力在机会面前一次次经受住考验。金蝶公司销售额快速提高，并开始与世界软件巨头微软公司进行全方位的合作，极大增强了公司的开发实力。

作为高新技术企业，创新能力是企业的根本所在，在外部大环境相同的条件下，创新能力决定了企业发展的前景如何。尤其是IT行业企业，创新能力就显得更为关键了。正如IDG董事长在考察金蝶公司时说："金蝶在产品和服务方面拥有独占的技术，在营销和组织运作方面具有出色业绩，是中国发展速度最快的财务软件公司。"虽然风险投资意味着该投资比其它投资具有更大的利润预期，同时也有比其它投资更大的风险，但是如果把资金投向中国这样经济高速发展的国家，在具有巨大潜力的信息技术行业中，投向诸如金蝶这样具有优秀市场素质的企业，"规避风险与寻求最大资本回报"这个两难问题就会得到很好的解决。

像这样成功的案例还有很多，不仅是小公司，就算是有名气的老企业也想得到风投，美的企业集团CEO何享健"资本解放美的"的故事，就是一个很好的利用风投的例子。美的集团已经发展得很壮大了，但是他依然选择了风投机构高盛的大笔资金注入，给企业带了新一轮的发展。

因此在中国目前的环境下，如果你想要无本创业，找风投肯定是一种很好的选择，风投本身的特性也是伴随着创业者而诞生的。有了风投，企业就有了钱，做起事情也容易。如果有好的项目，有风投机构的合作意向，或者是有机会得到风投，那么对你来说绝对是一个很好的机会，应该要好好珍惜，努力去争取。只要和风投机构谈好合作条件，剩下的就是用心去做事。这样就会让你的事业起步加快，离成功的距离也会近一些。

8.创业风险是可以控制的

创业过程必然会伴随着风险，任何创业都不可能没有风险。付出与回报是成正比的，你不承担风险，凭什么比别人多拥有一份事业？市场经济竞争的残酷决定了这个世界没有零风险的创业。如果你执意去寻找一个零风险的创业机会，可能你永远也不可能创业。但风险也不是绝对的，风险是可以控制的。怎样才能改善风险状况呢？我们可以通过以下方法对风险进行管理，尽量使它转变到可以接受的程度。

谢峰经营着一家高风险的钻井小公司。每次钻井他都面临着巨大的风险。如果这口井不产气，他将损失所有钻井费用。况且，天然气价格在一年中的波动幅度可能达到300%。所幸他得知自己能够采用一些办法来管理风险，这样的办法已被在金融市场上交易的人们广泛使用。

第一种是分担风险。谢峰钻一口普通气井的风险包括10%的可能性没有气，30%的可能性只能回收一小部分钻井成本，以及20%的可能性损失一小部分。谢峰有10%的可能性保持盈亏平衡，只有30%的赚钱。而他的身家不到750 000美元，他不希望每次都冒125 000美元的风险，同时有40%的可能他将损失全部或者大多数的投资。因此，他通过与一群投资者分担风险来管理风险。每位投资者承担一定比例的费用，分享这一比例的盈利。他自已投资他能够安然承受的25 000美元，保留每一口井20%的股份。

这也就是说，当有一个好的机会风险过大时，你可以与他人一起分摊这个风险。

第二种是找寻风险状况较好的地点。为了降低风险，谢峰想方设法寻找风险状况较好的钻井地点。他经常研究地表地质情况和附近气井的生产情况。对于边缘地带，他还要进行地震测试，以消除关于天然气产量的一些不确定性。

第三种是资产多样化。谢锋通过投资股票和债券将他的资产多样化，避免了他的所有财富都受制于天然气贸易的反复无常。并且，他通过购买共同基金而不是个别股票，进一步降低了他的风险。

第四种就是套期保值避险。天然气价格的波动会导致谢峰月收入的巨大波动。通过在商品交易所购买对未来价格的最低价保证(负担一定成

本)，他能够管理风险。或者，他能够每年与供气公司签定固定价格的合同。谢峰通常以固定价格卖出他的气产量的一半，其余由市场波动来决定价格。

当市场价格的波动或者比率的变化使你面临程度不定的风险时，你可以采用套期保值的方式加以管理。

第五种就是对风险投保。钻井难免会有井喷或其他意外事故发生。尽管类似事故的发生概率很低，但一次就足以使他一贫如洗。谢峰通过投保来管理这种风险。但他没有为他的敞篷卡车保车祸或盗窃险，因为他能够承担这样的损失，保险的价值不足以抵补成本。

当一种风险包含一种重要而稀罕的负面影响，并且没有正面影响时，你应该尽量对它投保，但是不要过度。

所有这些技巧都是通过与他人交易重塑风险状况，使它更加符合你的风险承受力，因而有助于管理风险。当你面临一种令你局促不安的风险时，不妨问问自己："我怎样才能够与他人交易，来改善我的风险状况呢?"

9.保证质量是立足的基石

现在，各个国家都把提高产品质量作为工业发展的重要方针。显然，要想创办自己的企业，就必须以质量求生存，做好质量管理。可以说，良好的、过硬的、稳定的质量是企业立足的基石。好听的名字、铺天盖地的广告、大张旗鼓的渲染、都不能从根本上稳定这一基石。综观海内外成功的企业家，无一不重视质量管理。

海尔集团总裁张瑞敏说："在新经济时代，什么是克敌制胜的法宝？第一是质量，第二是质量，第三还是质量。"海尔集团成功的根本就在于完善的质量管理。海尔为了抓好产品质量管理，制定了一套易操作的以"价值券"为中心的量化质量考核体系，行使"质量否决权"。简单地说，如果干一件得一分钱的活，干坏了一件则罚一元钱，即干坏一件等于白干了100件，并即时兑现。"质量否决权"的管理方式使每一位员工心里深植了"质量第一"的观念。生产中，

员工把下道工序想象成用户，产品依次流转，质量层层把关，环环扣紧，保证出厂的都是全优的产品。即使是在电视机、电冰箱、洗衣机等极为抢手的第一次家电消费浪潮中，不少企业日夜加班向市场倾销产品，张瑞敏却领着员工砸了76台质量有问题的冰箱。

正是这种“零缺陷”的质量管理，使得海尔产品的消费者“投诉率为零”。“有缺陷的产品等于废品”，海尔人在质量上争第一的观念是海尔的核心竞争力。

正泰集团股份有限公司董事长南存辉对质量的追求也到了令人叹服的程度。他有一句非常有名的话：“宁可少做亿元产值，也不可让一件不合格品出厂。”

有一次，正泰一批货物出口时，在运输过程中偶然发现一件产品不合格。南存辉得知后，毅然要求全部开箱检查。为了不影响交货，这批货物由海运改为空运。仅此一项，企业的运费就多花了80万元。

同样，视质量为生命的湖北兴发化工集团股份有限公司董事长李国璋也提出了“谁不重视质量，谁要是砸牌子，我就砸谁的饭碗”的口号。

在兴发有四“最”：主办的质量知识培训班最多，开的质量研讨会最多，改革中关于消除质量隐患的合理化建议最多，公司批准实施质量改进的工程项目最多。坚持“以顾客为关注焦点”，兴发人抓质

量时紧紧围绕如何使顾客满意来做文章。为了实现这一目标，他们充分了解用户的需求，不厌烦地走访用户，与对方的生产技术人员进行面对面地交谈，了解产品的使用情况，熟悉客户的工艺流程和设备状况，做到“知己知彼，百战不殆”。

以上三个例子都在说明一个问题：质量=生命！很明显，质量对一个企业的生存和发展有着极其重要的作用。如果想要增加企业的经济利益与竞争能力，就一定要做好质量管理。

具体来说，在质量管理中，把握好流程是重点，美国管理专家朱兰（Juran）将其概括为三点：质量计划、质量控制和质量改进。

在质量计划过程中，需要确定顾客的需求，然后开发出满足这些需求的产品；

在质量控制过程中，需要把实际表现与质量目标相比较，并针对差距采取措施；

在质量改进过程中，需要采取必要的资源、培训和激励措施来保证质量年年有提高。

企业通常在质量控制方面做得很好，但在其他两个方面不足。朱兰自己做的调查结果表明，26%的公司在质量控制上“良好”，但不到10%的公司有“好”的质量计划和质量改进。

知道了这一点，有助于你在质量管理过程中有针对性地制定方针政策，并及时调整和改进。只有保证了产品质量这个前提，你的企业才会有长足久远的发展。